非暴力沟通
食物与身体关系篇

[美]希尔薇亚·哈茨威兹（Sylvia E.Haskvitz）◎著
颜雅琴◎译 陈海燕◎审核

EAT BY CHOICE NOT BY HABIT:
PRACTICAL SKILLS FOR
CREATING A HEALTHY RELATIONSHIP WITH YOUR
BODY AND FOOD

图书在版编目（CIP）数据

非暴力沟通.食物与身体关系篇/（美）希尔薇亚·哈茨威兹（Sylvia E.Haskvitz）著；颜雅琴译.—北京：华夏出版社有限公司，2020.2

书名原文: Eat by Choice, Not by Habit: Practical Skills for Creating a Healthy Relationship With Your Body and Food

ISBN 978-7-5080-9837-1

Ⅰ.①非… Ⅱ.①希… ②颜… Ⅲ.①饮食－关系－健康 Ⅳ.①C912.11-49②R151.4

中国版本图书馆CIP数据核字(2019)第261475号

Translated from the book Eat by Choice, Not by Habit by Sylvia Haskvitz
ISBN: 9781892005205 / 1892005204,
Copyright©2005 PuddleDancer Press, published by PuddleDancer Press.
All rights reserved. Used with permission.
For further information about Nonviolent Communication (TM) please visit the Center for Nonviolent Communication on the Web at: www.cnvc.org.

版权所有 翻印必究
北京市版权局著作权合同登记号：图字01-2018-8655号

非暴力沟通·食物与身体关系篇

作　　者	[美]希尔薇亚·哈茨威兹
译　　者	颜雅琴
审　　核	陈海燕
责任编辑	马　颖
责任印制	刘　洋
出版发行	华夏出版社有限公司
经　　销	新华书店
印　　刷	北京华宇信诺印刷有限公司
装　　订	北京华宇信诺印刷有限公司
版　　次	2020年2月北京第1版　2020年2月北京第1次印刷
开　　本	787×1092 1/32
印　　张	5.625
字　　数	80千字
定　　价	45.00元

华夏出版社有限公司 网址:www.hxph.com.cn 地址：北京市东直门外香河园北里4号 邮编：100028
若发现本版图书有印装质量问题，请与我社营销中心联系调换。电话：（010）64663331（转）

需要得到满足时的感受:

兴奋　喜悦　欣喜　甜蜜　精力充沛　兴高采烈

感激　感动　乐观　自信　振作　振奋　开心　高兴

快乐　愉快　幸福　陶醉　满足　欣慰　心旷神怡

喜出望外　平静　自在　舒适　放松　踏实　安全

温暖　放心　无忧无虑

需要没有得到满足时的感受:

害怕　担心　焦虑　忧虑　着急　紧张　心神不宁

心烦意乱　忧伤　沮丧　灰心　气馁　泄气　绝望

伤感　凄凉　悲伤　恼怒　愤怒　烦恼　苦恼　生气

厌烦　不满　不快　不耐烦　不高兴　震惊　失望

困惑　茫然　寂寞　孤独　郁闷　难过　悲观　沉重

麻木　精疲力尽　萎靡不振　疲惫不堪　昏昏欲睡

无精打采　尴尬　惭愧　内疚　妒忌　遗憾　不舒服

1. **自由选择**：选择梦想／目标／方向
   自由制定计划来实现这些梦想、目标和方向

2. **庆祝**：庆祝生命的创造力以及梦想的实现
   纪念人生的失落：亲人的去世或梦想的破灭等（表达悲伤）

3. **言行一致**：真诚　创造　意义　自我肯定

4. **滋养身体**：空气　食物　运动
   免于病毒、细菌、昆虫及肉食性动物的伤害
   休息　住所　触摸　水

5. **玩耍**：乐趣　欢笑

6. **情意相通**：美　和谐　激励　秩序　平静

7. **相互依存**：接纳　欣赏　亲密关系　社区
   体贴　成长　安全感　倾听
   诚实（诚实使我们能够认识和超越自己的局限性）
   爱　信心　尊重　支持　信任　理解

饥饿 / 饱腹感自测表

罗伯特·弗利兹编制了饥饿 / 饱腹感自测表，
你可以用它来鉴别饥饿的程度。

0 饿到甚至有点恶心——感觉非常虚弱，全靠肾上腺素撑着。

1 饿到觉得什么都好吃——这时候开始吃，往往会吃得过多。

2 感觉饥饿——现在就要吃！

3 中等饥饿——想吃东西，但还可以忍一下。

4 有一点饿——开始有想吃点东西的念头。

5 不觉得饿了——不那么想吃东西，也不觉得胃里有食物。

6 状态满意——能感觉到胃里有食物，但不觉得胃被塞满，也没有不舒服的感觉。

7 略微不舒服——能感觉到胃里的食物，觉得有点满了。

8 不舒服——胃胀，胃里充满了食物。

9 吃撑了——想躺下来好让食物消化。

10 太撑了——胃疼，感觉胃里的食物超量了。

小提示：从生理学的观点来看，最好在"2"时进食，在"5"时停止。如果你这样有规律地进食，你就会维持正常的体重。但是，如果你在"3"时进食，在"6"时停止，这也无伤大雅。参照这个量表练习一下进食，吃到自己"不觉得饿了"的状态，而不是饱。

真假饥饿测试表

生理饥饿	情绪饥饿
逐渐产生	突然产生
发生在颈部以下（胃咕咕作响）	发生在颈部以上（例如,想尝尝冰淇淋）
饭后几小时出现	随机发生
吃饱后消失	吃饱后依然存在
进食带来满足感	进食带来羞愧和内疚

目 录
CONTENTS

致谢…001

缘起：为什么要写这本书…005

引言…009

从需要和感受出发，做自己身体最好的朋友…001

和食物翩然共舞…055

带着同理心和食物交朋友…087

支持他人获得身体与食物的非暴力沟通方式…095

什么才是真正的健康饮食…109

"非暴力沟通"进食练习：有意识地体验你的进食感受…135

关于食物，我可以给你这样的建议…145

健康饮食的资源清单…153

致 谢

"感激是一种记忆,它在心里,不在脑中。"

——山姆·N. 汉普顿(Sam N. Hampton)

满怀紧迫与激情,赶在截稿日期前完成这本书的撰写与修改后,我开始用一种全新的方式来理解感谢与感激。以前读到一本书的致谢时,我总会有点惊讶,心存疑惑——完成一本书到底需要多少人?或者不妨这样问:当我们买下一块面包时,有多少人参与其中呢?农民种小麦,工厂将小麦磨成面粉,面包师将面粉加工成面包,供应商把面包带到商店,售货员将面包卖给我们。听起来像是孩子的童话故事,但这是真的。完成一本书,它确实需要"举全村之力"。

我要歌颂我的"村庄"——所有和我一起完成这个项目的人。这个过程又一次提醒我们,我们的连接有多么紧密。

我要感谢简·亨里克森,你孜孜不倦地开会、写邮件、编辑、修改、指导和鼓励我,使整个项目快乐而又充满意义。当我因为压力过大或害怕无话可写而歇斯底里的时候,你总是让我内心挑剔与评判的情绪缓和下来,并告诉我这个项目值得付出。你对这个主题的熟悉程度,以及对非暴力沟通(Nonviolent Communication, 简称 NVC)的熟练掌握,仿佛天赐的礼物一般,让整个项目以一种难得的美好方式进行。同样也要感谢你的母亲露易丝·亨里克森,虽然编辑已经完成,但她依然无私地提供了专业的校对意见。遗憾的是,她在本书正式出版前过世了。

感谢我的好友、吃货伙伴和同事琳达·普劳特,很荣幸这些日子能得到你的帮助。感谢你的亲切友善,你为我编辑了这本书的前半部分。你对任何与营养相关的事物都感兴趣,你在食物方面的知识令我又是着迷,又是惊讶。

感谢我的爱人蒂姆·刘易斯,特别感谢你忍受了我那么多次深更半夜的打扰,因为我害怕灵感稍纵即逝,总会半夜爬起来冲进办公室,用纸笔记录下想到的东西。我喜欢你对我工作的支持,喜欢你做的那些对食物尝试及其影响的实验。谢谢你总是愿意品尝我的创新料理。

感谢马克·舒尔茨、凯蒂·伯恩、艾琳·赖达尔、玛丽·麦肯齐、玛丽·宫代,以及其他分享故事,提出问题,发表评论,表达支持、善意和兴奋的人们,我对你们满怀感激。

永远感谢你,非暴力沟通的创始人马歇尔·卢森堡博士(Marshall Rosenberg)[1]。你创造的观点和表达方

---

[1] 马歇尔·卢森堡博士,非暴力沟通创始人,著有《非暴力沟通》、《非暴力沟通·两性篇》、《非暴力沟通·情绪篇》等书,畅销百万册。——编者注

式,正是我从15岁起就苦苦寻找的东西。感谢我的导师金·艾莉森,感谢你的言传身教,你是我成长的指路明灯。感谢我亲爱的朋友邦妮·卡伦、洛里·温伯格·怀特和塞多娜·森赖斯,你们让我明白了友谊的意义。感谢我的父亲马文·哈斯科维茨、母亲多萝西·哈斯科维茨,还有我的姐妹邦妮·哈斯科维茨和埃斯特·哈斯科维茨,你们让我与食物结下了不解之缘,并懂得了食物在家庭、社区和健康中的作用。

谢谢!

缘起：为什么要写这本书

"能进入我深爱的领域，我感到无比兴奋和感激。接下来，也期待在同理心的领域中与你相遇！"

——凯西·哈特曼（Cathy Hartman）

作为一名注册营养师和同理心沟通/非暴力沟通[1]培训师，每一个你能想到的与食物和行为相关的问题，我都会被问到。由于无法在本书中一一清楚地回复每一个问题，我转而去寻求朋友、邻居、同事、杂货店店员等的帮助，收集了他们在用非暴力沟通改变

---

1 马歇尔·卢森堡博士提出的一种沟通模式，被联合国誉为全球非暴力解决冲突的最佳实践之一。它强调在诚实、倾听和同理心的基础上进行交流，重视每个人的需要，而不是要改变自己和他人来迎合彼此。——译者注

饮食习惯方面最想了解的内容。正如美国这边的出版社顾问尼尔·吉布森所建议的，为了要完成这个探索过程，面对面对话要比在纸面上解答一系列问题更容易。

简·亨里克森——自由撰稿人、编辑、创新思维教练、宠物保姆，曾经参与过NVC的年度课程。我从收集到的问题中选出一部分有代表性的，由简扮演采访者向我提问，而我则很自然地回答了其中的大多数问题。

采访是在简帮人照看狗狗时进行的，两只巴辛吉犬和一只罗得西亚脊背犬全程都安静地待着，它们以这种方式为我们欢呼，对我而言这是很纯粹的快乐。我的金毛猎犬——忠实的伴侣泽拉，伴随了我13年，最近过世了。如果她还在，也一定会为我们加油的。

简无私地帮忙对访谈进行修改编辑，在那些日子里，我每个夜晚都在反复思考，到了早上，再在她的基础上增补些内容。我们轮流斟酌用词与表达方式，希望您能从本书中获得我们期望您得到的"美味"与"营养"。

现在轮到你了！关注那些激发你好奇心的问题吧，不管你喜欢按顺序一一阅读，还是随手翻阅中意的页面。重点是：现在，你的旅程开始啦。

引言

"当断不断,反受其乱。"

——佚名

我们当中有许多人在无意识中习惯了与自己的身体作对。那些己所不欲也不愿施之于人的方式,恰恰被我们施加于自身。为了满足自身的某种需要,有些人完全不遏止对食物的渴求,有些人则迫使自己否认这些欲望。在节食的热潮中,我们走马观花般去尝试各种流行的减肥食品,却从未停下脚步去思考真正需要的是什么。但我们能感觉到,似乎缺少了些什么。这种长期的不满意,驱使我们去寻求医生、饮食专家或者杂志文章的帮助,期待他们能告诉自己究竟应该怎么做。

我希望本书能够帮助你发现自己的身体与食物之间的连接。本书并不会提供一种立竿见影的食物疗法或者药方，我也不打算成为一个外在的权威。通过书中的问答，我想要激励你成为自己身体的权威，去掌握属于自己的力量，找到关于你自己的身体和食物的智慧。

本书提供了一种非暴力沟通（同理心沟通）的探索方式，也会指导你如何与身体和谐相处。你的需要是什么？你的感受是什么？某时某刻，你的注意力集中在哪儿？你是因为身体饥饿而进食吗？还是想暂时逃离自己无聊的情绪？又或者你是想满足其他需要，比如健康、安全、稳定、爱、滋养或被保护？通过非暴力沟通的实践，能引导你根据自身需要做出有意识的选择，而不是追随那些已经不再有益的习惯。

"在这片出产葡萄酒和布里干酪的土地上,肥胖是比较少见的。"米莱伊·基里亚诺在她的《法国女人不会胖》(*French Women Don't Get Fat*)一书中写道,"我们不迷恋食物,我们是它的朋友。"

这是一个邀请——请不要再不假思索地将所有注意力放在食物上了(也就是米莱伊所说的"迷恋"食物状态),赶紧开始与食物做朋友吧!不只是现在,而是以一种持续的、快乐的方式,与食物共度未来的每一刻。来吧!

从需要和感受出发,做自己身体最好的朋友

EAT BY CHOICE NOT BY HABIT

"那个能留在你身边、在你心中定居的人,才是真正的朋友。"

——佚名

> 怎样才能和自己的身体成为朋友呢？我感觉身体像是一位不熟悉的远亲，我不能享受它的陪伴，却也不能完全忽视他。食物则像是一位地下情人，即使知道自己不应该坠入情网，却又忍不住一直牵肠挂肚。我甚至不明白食物和身体之间有一个健康的关系是什么意思。

想象一下，如果你跟自己的感受和需要有很好的连接，你就能带着一种和谐与平衡感去选择吃或者不吃。那么你和食物最理想的状态应该是什么样呢？

你知道在每一刻要做什么选择。你会适度进食，不让自己挨饿，能不带任何烦恼和自责地离开餐桌。你能享受六块刚从烤箱拿出来的巧克力豆曲奇，不会有自责与内疚。当然出于好奇，你也会时不时过过秤，重要的是你不会对体重秤有潜意识的畏惧和想逃离的感受，也不会被秤上的数字绑架或威胁。相反你可以感受美食带给你感官上的每一种享受，同时也可以享受它带给你的美妙生活。

> 我得节食,否则就彻底失控啦。不节食听起来很可怕,像梦幻一样不真实。我不可能一边吃着巧克力豆曲奇一边成功减肥吧。

罗伯特·弗利兹(Robert Fritz)曾说过,"节食就是要抵抗美食的诱惑。"你想要挑战吗?尝试着对自己所爱的一切味道和最让你愉悦的口感说不,让自己处于永无止境的饥饿状态。

根据弗利兹的说法,节食几乎等同于挨饿。当你感觉很饿,或许是因为你确实饿了。"你实际吃下的食物量和身体真实需要的食物量是不一样的。单凭计算并限制卡路里来减肥,往往无法达到持久有效的减肥效果。节食反而会刺激你,让你对所有本不该吃的食物更加魂牵梦绕,在这方面,它可从来不失手。"

当你仔细计算着卡路里，严格限制自己的摄入量时，迟早会面对这样的境况——即使想吃一勺蒜香酸奶油土豆泥都要条件反射般地先测算一下热量！再也受不了了！更让你受不了的是，眼巴巴看着你老公在一旁吃水蜜桃冰淇淋，每吃一勺都会发出类似赞叹的声音。这个口味曾是你的最爱啊！于是你崩溃了，你决定纵容自己。

你不光吃下了六块巧克力豆曲奇，还把剩下一整盘饼干全都干掉了，接着又吃完了水蜜桃冰淇淋和全部的蒜香土豆泥。并且为了满足自己想嘎吱嘎吱咀嚼的欲望，你又为自己加了一包薯条。吃完之后，那些令人讨厌的"你本应该……"的念头终于爆发了！你本不应该这样吃，你本应该很清楚，你本应该塑形，你本应该减肥……"看着自己，自己胖得像一头猪。我却连自己的体重都控制不了。"随后，这种崩溃爆发后的心态很快又会演变成"去你的减肥吧！我想吃啥就吃啥"！

这时你已经不是在节食了，你激活了一种循环状态：需要—抵抗—需要。你渴望着各种美食，接着又抵抗它们。抵抗的时候，道德评判的声音会跳出来——你吃得"对"，说明你是"好"的。然而，当你放弃这种"对"时，你就变成"坏"的了。道德评判和同理心不能共存。然而没有同理心，就无法获得长久的改变。瑞士精神科医生、作家卡尔·荣格认为，"谴责不能将我们从困扰中解脱出来，只会使之加剧……任何一件事情，我们都必须先接纳它，才能改变它。"

如果继续这样下去，结果就是你总是让你的身体和需要作斗争，而不是与之友好和谐地相处。应该、不应该、不能、不会……这些词汇使你无法为自己的选择负起责任。

带着同理心进行沟通自有其作用。它能使敌对国家放下武器，敌对势力相互协作，商业对手达成协议，关系濒临破裂的夫妻和睦相处，邻里朋友理解包容。如果你能按照自己的需要与感受来作选择，那你就能与你的身体达成共识，选择适合你的食物和饮食方式。

> 如果节食几乎没用，为什么还这么流行呢？似乎每个人都在为低脂、低碳水化合物或高蛋白的节食法疯狂。

节食短期内其实是有效的，我们的文化崇尚快速见效。但是，节食也只是暂时有效，它的效果只能持续到下一轮的节食。各类节食法永远不会成为永久性的解决方案，而只是以提供一种最新的、放诸四海而皆准的饮食方案作为噱头，将你糊弄进来，让你以这种方式改变自己的身体，却根本不考虑你独特的生活经验、习惯、选择和身体状况。

你可能为了参加婚礼、同学聚会或是报复前男友而节食减肥，但在这些等待已久的事件结束后，如果你还没有发掘出新的需要和情感来激励自己继续保持体重，那你就很可能很快回到原来的饮食模式，导致体重迅速反弹。这些流行的节食法是短期的，并不是为你量身打造的，于是你将继续回到"溜溜球"般的节食模式[1]，身体和食物无法和谐相处。

此外，这些流行的节食法往往会给健康造成不良影响，并且持续的时间很可能比节食行为本身更长。在奥普拉·温弗瑞[2]开始进行第一轮广为宣传的高蛋白节食法时，我告诉我的搭档，"马克，相信我，从现在起六个月到一年之内，她的体重就会反弹回来，甚至可能比以前更胖。"我的预测被证实了。使用高蛋白节食法的人体重反弹的可能性很大，因为他们的身体组成成分改变了。事实上，实施这种节食法之后，他

---

[1] 形容减肥—反弹的循环，像溜溜球一样上下弹动。——译者注

[2] 美国著名主持人、演员，主持的脱口秀节目《奥普拉脱口秀》深受欢迎。——译者注

们体脂率有所增加,肌肉却减少了。

几年前,低脂减肥法风靡一时,跟风的供应商们生产了大量的低脂食品。为了使这些低脂食品更加诱人,他们往其中添加了不少糖分。这一策略在一定程度上不知不觉地导致了许多健康问题,如骨质疏松症、癌症、糖尿病和心脏病,更不必说蛀牙和肥胖了。糖分摄入量的增加也引起了儿童 2 型糖尿病人数的激增。以前这种病只发生在成人身上,现在由于糟糕的饮食习惯和缺乏运动,5 岁的小孩也会患上这种病了。令人震惊的是,每三个 2000 年出生的孩子中就有一个会患上糖尿病。

低碳水化合物节食法也曾经流行过。那时,碳水化合物取代了脂肪成为废物垃圾的代名词。其实我们的身体是需要碳水化合物的。全麦食物能提供大量的优质碳水化合物,是性价比很高的能量来源。这些碳水化合物是血糖的主要来源,是身体所有细胞的主要燃料,也是大脑和红血细胞的唯一能量来源。它们还能提供维生素B。维生素B有助于减轻压力，对头发、皮肤和牙齿的健康也至关重要。你也可以在水果、乳制品和蔬菜中获得优质碳水化合物。

在抓起下一块曲奇饼之前，停下来，深呼吸，问问自己：我感受如何？我需要的是什么？接着对自己提一个请求。接着再问问自己：什么样的选择最有利于我的健康？当我节食时，是否还试图满足其他需要？

> 人们往往会通过进食或节食方式来满足自己的其他需要，你怎么会这么认为呢？

因为我有经验。读研究生的时候，每当我被论文折磨得困惑、沮丧和迷茫时，我就会到冰箱里寻找慰藉。不然就是把房子打扫得一尘不染，或者把所有电视频道都搜索一遍。那时候，如果花点时间扪心自问，我一定能听到内心的小人儿这样说："我好焦虑呀。我现在需要灵感和创造力！但是不知道到哪里去找。"我知道我想要的不在冰箱里，但这种方式可以让人感到轻松愉快，同时也"冷藏"了我真正的需要。

一位医疗保健专家曾说过，每天晚上看报纸时他都要来一份饼干和牛奶。他简直爱死它们了，不可或缺。这个过程对他来说是一种完全的放松。然而，在问他几个温和的问题后，他透露说他的妻子正在服用抗抑郁症药物，这些药物同时也抑制了她的性欲。这让他感到孤独，他需要性生活，他渴望与自己的爱人亲密接触。

随着他敞开心扉，事情就有了转机。他忽然发现了自己真正的需要是接触，饼干和牛奶只不过是替代品。现在他有了选择。逃避还是面对？维持原状还是向妻子敞开心扉？这取决于他自己。

与此类似，不久前，我丈夫 5 岁的小孙女很伤心，她认为只有一件事能让她开心起来，那就是吃巧克力。"你有巧克力吗？"她问。我对她说："亲爱的，你看起来很不开心。你想要爱吗？想要一个温暖的抱抱吗？""要！"她哭着回答，完全将巧克力抛在了脑后。

我的丈夫蒂姆有独特的解压技巧，尤其是在他的生活近乎失控的时候，不是靠巧克力，而是通过有规律的饮食来放松。固定的模式能让他内心的焦虑得以缓解。我们每个人其实都有着独一无二的、创造性的方式来满足自己的各种需要，你可千万别低估了它的作用！

如何知道你在试图通过食物满足哪些需要呢？

推荐一种方法，列个清单，写上你专属的"慰藉食品"。当我让学员写出能满足滋养、爱和安慰需要的这类食物时，他们写的是：燕麦片、土豆泥、布丁和南瓜派,当我让他们写上焦虑时想吃的食物时,他们列出了一堆膨化食品的名字,如奇多士[1]和薯片。一位女士提到,膨化食品吃到嘴里嘎嘣作响,这种方式有效地缓解了焦虑。我们用咀嚼将这些食物碾压得柔软光滑,从而释放和转换了负面情绪带来的焦虑。有趣的是,那些"慰藉食品"往往本来就是柔软光滑的。

随着我们逐渐意识到食物选择背后的真正需要,我们也同样认识到,这些需要并非只有一种满足渠道,其实还有各种丰富的选择。突然间,世界不一样了,你也不一样了。通过意识的转变,饼干和牛奶从一种隐藏需要的替代品,转变为一次做出重要改变的契机;通过提供一个拥抱,巧克力的吸引力消失了。接下来这几天如果想吃东西,请问问你自己:"你真的饿了吗?"答案可能会令你大吃一惊。

---

1 美国膨化食品品牌。——译者注

> 我承认我是个情绪化的吃货,可那又有什么坏处呢?有的时候我知道我不饿,但就是想吃。

自我觉察是第一步。如果你说"你知道吗?我想要获得关怀,吃掉25片薯片正是我感受到关怀的方式",那么至少你意识到你选择了薯片。与此相反,你有没有过这样的经历,你不知不觉间吃完了一整袋薯片,却没有好好地品上一口?结果你啥也没得到,只留下油腻的手指、大腿上的薯屑和嘴里模糊的咸味。你麻木了,却依然渴望着关怀。你吃饱了,内心却依然空空如也,于是将手又伸向下一包薯片。正如安妮·拉莫特在她的书《行善:对信仰的思考》中所说:"我冷眼观察着这个食欲横流的世界,人们总是饿了就吃,吃了又饿,却从未真正满足过。"

> 我所要做的就是自我觉察,这样就可以了吗?

你不用强迫自己做任何事或是成为任何人。非暴力沟通强调的是选择。就像那个离不开饼干和牛奶的男人一样,一旦你意识到自己的需要和当下此刻的选择是什么时,那些以前从未想过的选项将会自动浮现在你眼前。

你想要什么?你想要健康的生活方式吗?你想要惬意、舒适的感觉吗?那么,为了让每一天都这么美好你愿意做出什么样的选择?你可以拿起薯条,品味每一刻的咸脆;也可以与挚友相聚,笑语欢声;当然也可以拿起一本书,独享静谧时光。

> 怎么能确定我选择的食物就一定会对我有好处呢?我选择过很多让我后悔的食物。如果继续犯错,我该怎么办呢?

是人就会犯错。在一生中,你总会做出一些让自己后悔的选择。关键是你的焦点在哪儿。这种以自身需要为基础的沟通过程，要求你聚焦于活在当下，聚焦于带有同理心的觉察，而不是对每一个"瑕疵"都过于敏感，用侮辱来诘问自己，时刻感到纠结。我很喜欢非暴力沟通的一位实践者艾琳·赖达尔所说的："将自己和自己的幸福放在首位，不要羞愧，没有内疚，要达到真正持久的改变，这些都是至关重要的。如果我能学会尊重自己和自己的需要，我是否能给自己健康的身体一份尊重？"

> "关于爱情我犯了许多错误，也对其中大多数感到后悔。然而，我从未后悔爱过。"
> ——诺拉·艾芙隆，《心火》

假如你今天做了一个让自己后悔的选择——比如说，吃了太多意大利面。非暴力沟通会邀请你这样说："这是我自己做出的选择。现在回想起来，我很后悔，真希望当时能选择告诉闺蜜我心里不高兴的原因，而不是闷头吃面。与此同时，我也知道，每个人都会犯错，这不算什么，我可以后悔，但不要谴责自己。明天，我要打电话给她，认真解决我们之间的分歧。同时，为了健康，以后吃东西还是要注意分量。"然后，不要让你觉察到的错误和瑕疵纠缠着你，忘掉它们，因为你知道每时每刻，你都在发现自己的需要。

你也可以尝试着去接纳自我："此时此刻，我正尽我所能尊重我的身体。我关心我的健康和幸福，我想与过去不一样。回首过去，我意识到，过去做出的每个选择都是基于我当时所经历的一切。有时我会感到后悔，因为它影响到了我的身体、健康和心灵。然而，此时此刻，我能理解过去的自己，也可以理解我为什么会做出这些选择。"

> 在现实中人们不会像你那样说话。

是的，这种自言自语听起来有些拗口，但是就像学习任何一种新语言一样，你讲得越多，它就越容易、越自然。这些碎碎念背后的能量比措辞本身更强大，它所蕴含的自我接纳的能量是可以被转化的。

花点时间问问自己："在我所做的选择中，我对哪些依旧耿耿于怀吗？对这些选择我遗憾吗？我是否能给之前的选择一些肯定，尽管我希望当时能做出不一样的选择？"

好好倾听内心的声音。例如，如果你说"以前每次放学回家，我都要吃掉整整一包软糖"，你可以问问自己，当时是在满足什么需要。因为太孤单所以要寻找爱吗？当我父母不在家，没人和我聊起这一天的经历时，吃糖能满足我需要朋友、体验快乐和有人理解的需要吗？

如果你选择用软糖来满足这些情感上的需要，而不是与好友联系或出门玩耍，那就让自己去感受那份悲伤！现在，你是一个有觉知的成年人了，你可以在任何时候倾听自己的内心世界，找到更满意的方式去体验爱。

你可以安慰自己说："我重视健康。在过去，我选择用吃糖来保护和关爱自己，却没有考虑其对健康的影响。现在，我很庆幸我感到了后悔，很庆幸可以为我做出的决定哀叹，而不是去责备自己，或是告诉自己我不应该这样。"

责备是一种呼喊，会唤醒你内心的敌对力量；责备是你的评判，是你的批评……不管你怎么称呼它，责备只会造成"需要—抵抗—需要"的循环，接纳与同理心才能带来真正的改变。

这种富有慈悲和同理心、自我对话的方式，能让你在最脆弱的时刻也不会迷失自我。换作以前，你可能会因为自我批评和羞愧而自暴自弃，不管不顾地大吃一顿薯条或冰淇淋。

比如说你去年长胖了，内心批评的声音随之而来："真不敢相信我居然胖了这么多。我丝毫没法控制自己吗？我用了什么借口不去健身房锻炼呢？"

换成是带有同理心的沟通方式的话，你会更关注自身的感受和需要："我感到不安和沮丧，我想要一个保证，今年会做出更健康的选择。"接着向内看。也许你还需要一点点同理心，去理解过去的自己——考虑到你繁忙的日程安排，经常去健身房确实很难。

与自我批评相反，这种自我同理的独白才更有效。温柔地对待自己，才能激励我们做出真正持久的改变。

这样温柔地自言自语真的有用吗？当沉浸在对食物强烈的渴望中时，我能温柔得起来吗？如果我必须吃一块巧克力才行,其他任何方式都不起作用呢?

当真正的诱惑来临时,请停一停,哪怕只暂停一秒钟,好好与内心对话。此时也许会出现一堆乱七八糟的念头:

"我必须吃点甜的。我压力很大!巧克力棒是我的最爱,它无可替代,它能使我放松。但我一直在告诉每个人我在节食,不能吃巧克力。不过,我的月经快来了,我的荷尔蒙有点不正常。我需要巧克力!我知道希尔维娅说我们对巧克力没有生理上的需要,但我就是离不开它。"

当你第一次尝试这样做时,你可能会发现,还没思考完第一个念头,一大块巧克力就已经被吃完了。随着不断地练习,你便可以暂停足够长的时间来了解你的需要和感受,并将它们转化为充满同理心的自我对话:"我受不了了!我悲伤孤独,渴望得到帮助。我可以从很多方面得到慰藉,巧克力只是其中一种。和好友一起徒步旅行多有意思啊,打开画具和颜料,画上那么二十分钟也很不错嘛。既然我如此重视健康和幸福,在此刻,哪一种方式是我最想要的呢?"

现在,在这种有意识的状态下,无论你的决定是什么,它都是你活在当下的选择。这里面没有什么"应该不应该",只有"合适不合适"。如果最终选择巧克力,你也许会好好地品尝一两口,要是以前,两块巧克力都不够塞牙缝呢。你会真正享受你所吃的东西,而不再为此自责。因为这是你给自己的礼物,心安理得的礼物。【小贴士:我已故好友伯尼斯·萨克斯说过,享用优质巧克力时,只吃一小块,品味那种意犹未尽的感觉会更妙。】

你所讨论的内容包括了糖瘾症吗？如果包括，能详细讲讲吗？

对于某些人而言，糖瘾症就像酗酒和毒瘾一样。你甚至可能没有意识到你吃了多少糖，因为糖会在各种意想不到的地方以各种各样的形式出现。谷类早餐、番茄酱和蛋黄酱中都含有糖分。根据公共利益科学中心（CSPI）的统计，一杯标准的果酱酸奶，就提供了你一天所需糖分的70%。

如果你很在意糖分摄入，请注意这些名词：化学蔗糖（sucrose）、高果糖玉米糖浆（high-fructose corn syrup）、玉米糖浆（corn syrup）、右旋葡萄糖（dextrose）、葡萄糖（glucose）、果糖（fructose）、麦芽糖（maltose）、分离砂糖（turbinado）、蔗糖（cane sugar）、蜂蜜（honey）和糖浆（molasses）。就算名字变来变去，它们依然都是糖。虽然有些糖可能对你的血糖水平破坏较小，还能提供一定的营养，但如果你正在努力改善健康，最好还是要限制你的糖分摄入。

作为一个巧克力爱好者，我发现每当自己情绪低落、孤独或恼怒时，就会被巧克力吸引。巧克力能给我安慰、滋养和放松。因为我喜欢做实验，2004年7月，我决定根据罗伯特·扬和雪莱·雷德福德·扬所写的《pH值奇迹：平衡饮食，恢复健康》一书的内容，来尝试我的碱性饮食计划。他们的理论前提是，所有的糖（包括水果中的糖）都是酸性的。通过让身体变得更碱性，可以治愈疾病并改善健康状况。

在计划的前两周，我忍住诱惑没有吃巧克力，这种无糖生活带来的好处令我震惊。我没再出现尿路感染。以前这种病每隔几个星期就会折磨我一次。我很兴奋，因为为了治疗尿路感染，我得经常服用抗生素，而抗生素对身体不好，会损害免疫系统。抗生素还会导致念珠菌的过度生长，增加人体对糖的渴望。现在，我的精力比过去要好多了，不再像以前那样无糖不欢，每天都非吃不可。糖这东西，你吃得越多，就越想多吃。（本书后面部分提供了一些小技巧，它能帮助你减弱对糖的渴望。）

如今，我的饮食主要是蔬菜、鱼、坚果和全谷物，偶尔还有一块鸡肉或火鸡肉。当我想吃甜食时，就会来一份可可豆和腰果，或者水果粒配酸奶。

像我这样热爱糖的大有人在。美国人平均每天消耗超过 20 茶匙的糖，这一数字是美国农业部推荐糖摄入量的两倍。从 1994 年到 2004 年，美国每年人均糖摄入量从 144 磅增长到了 156 磅！在《拥抱健康：从非传统和传统医学中做出最佳选择》一书中，医学博士罗安妮·韦斯曼和布莱恩·伯曼指出，大多数时候，当我们渴望某些东西时，并不是因为需要它。事实上，这说明你对它过于依赖。强迫性的暴饮暴食会导致血糖水平的骤升与暴跌。正在康复的强迫性进食者和 NVC 实践者马克·舒尔茨告诉我："强迫性进食给予我短暂的享受，却剥离了我的感受。一开始是有点爽，然后就会变得麻木而沮丧。我很后悔自己的所作所为，也经常自我谴责，紧接着又很没出息地重蹈覆辙。"随着血糖水平的下降，情绪也变得低落。为了获得短暂的兴奋感，一次又一次将手伸向了糖罐。

"当你感觉糟糕时，很容易就忘记了你应该做的事——去体验自己的感觉，弄清楚自己真正需要的是什么。"舒尔茨补充道，"相对而言，不管不顾埋头吃东西就要容易得多了，正因如此，人们一旦上瘾就很难戒掉。"

像马克·舒尔茨这样的强迫性进食者应该如何治疗呢？不要责备或否定自己，去做一些简单而有效的事情吧。比如在你进食之前暂停一下，或者像贝基·科尔曼博士所说的那样"拥抱/抱持紧张"。科尔曼是食物和身体支持团体的指导者，自己的体重也曾经两度达到300磅。对于如何用"抱持紧张"来治疗强迫性进食，他有切身体会。

身处进食欲望之中，请暂停五秒钟，好好想一想：你感觉怎么样？你需要什么？你此刻渴望的食物到底哪点吸引了你？你还是可以大吃你想要的事物，但是要带着思考，第一口尝起来味道如何？第二口呢？第十五口下去了呢？你还喜欢这种味道吗？你在强迫自己吃下去吗？吃下最后一口后感觉又如何？

非暴力沟通能帮助你摆脱生气/狂怒的循环[1]。通过体察自身的感觉和需要，你能避免将生气升级为愤怒甚至暴力行为。非暴力沟通还能帮助你摆脱强迫性进食的恶习。去大胆实践吧，找到对你有用的方法。通过持续的自我觉察、更多的同理心和自我接纳，你会发现到底是哪些食物和情绪激发了你的强迫性进食。

正如舒尔茨所说："在这个过程中的某些时刻，

---

[1] 生气时，许多人会用发泄愤怒的方式来解决。这种方式能让你获得短暂的放松，但等到下一次生气来临，你又会习惯于去发泄愤怒，陷入恶性循环。——译者注

我意识到我正在慢性自杀。食物就像酒精一样让我成瘾。这种影响很微妙,但却生死攸关。现在我找回了自己,也找回了自己的感受。这是我强迫性进食时所做不到的。"

他补充道:"远离甜甜圈就像戒酒一样,都是一种精神上的自律。我将身体对甜甜圈的依赖,错误地当成了内心的渴望。当我目不斜视地走过货架上的甜甜圈时,感到了发自内心的痛苦。我提醒自己,为了满足更深层次的需要(比如健康、自尊、热爱生命、希望和归属感),你必须离开它。

"我的经验是,痛苦使我认识到那些未满足的更深层次的需要。虽然会错过甜甜圈,但我相信我正在以一种更深刻、更令人满意的方式与自己相遇。我相信我对甜甜圈的渴望最终会消退,就像我对酒精的渴望一样。"

> 如果我不只是爱吃糖呢？有时候我似乎对所有食物都上瘾。

不顾自己的生理需要，只为了满足情绪需要而选择食物，这是很糟糕的。让我们来看看另一个现实的例子，关于心理治疗师凯蒂·拜恩（Katy Byrne）如何用温柔、同理心和暂停来解决自己的食物成瘾问题。这可不是只针对甜食的哦！

"每当说起我的饮食障碍，我都想哭。虽然那已经是十五年前的事了，但我经常会为自己所经历的苦难而悲伤。现如今我很少为食物烦恼了。吃，或者不吃，不是什么大不了的事情。但在过去，它长期困扰着我，让我羞耻难当。我渴望过上正常的生活，非常渴望。但当时的我满脑子都是食物，我想拼命赶走这些想法却又无法做到，于是我开始憎恨自己，做些徒劳无功的事情……我重复着这些过程，像是患上了强迫症一样。我无时无刻不惦记着食物：买下来，藏起来，吞下去……食物每时每刻都伴随着我，像是附骨之疽。

"有一天早上，我被泪水和震撼感所淹没，忽然有一种奇迹降临的感觉。像在阴森幽暗的丛林中孤独地漫步了很久，现在，我终于可以坦然回首过去，不再困扰于精神上的枯竭，挣脱了持续多年的痴迷。

"当然，我的体重依然上上下下，我的腰围依然增增减减，这取决于我的亲密关系状况和情绪状态。但我不再担心食物会主宰我的生活，不怕它会吞噬我。现在，我关心的是快乐、健康和自己的情绪变化。我的身体通常会提醒我，我需要暂时停下来，听听内在的声音。身体和食物呈现出的关系就是我的指南针，告诉我有哪些事是我需要去检视和面对的。

"当我开始尝试自我梳理时，我与食物、人群、空间、事物之间就不再是相互虐待的关系。自我梳理意味着正视内在，看到内心真实的感受。

"我试过各种方法——包括十二步法[1]、节食、养生、锻炼、祈祷。直到我开始进行最深层次的自我梳理，才终于有所转变。我发现了内心深处的那个小女孩，她渴望爱，渴望关怀。她错以为她要的爱就在冰箱里。

"我还记得，那天我站在打开的冰箱前，看着食物哭泣。在准备大吃一顿前，我试图和内心的小女孩聊天。我对她说：'你到底想要什么？我再也不会欺负你了，请你告诉我吧。'

"她说：'我想吃东西。把里面所有的食物都给我吧。朱古力、小麦薄脆饼、甜甜圈和披萨，我全都要！'

"我说：'好的，我都会给你的，但那会让你感觉好受些吗？那就是你真正想要的吗？'

---

[1] 一种帮助克服成瘾症、强迫症等问题行为的方法。——译者注

"她说：'我不想变得臃肿和恶心。我希望得到安慰。我想要被爱，我想要感觉充实。'

"我说：'大吃一顿能帮助到你吗？'

"这是改变的开始。站在冰箱前自言自语好像很傻，但那正是适合我的方式：自我梳理。"

> 遗传对减肥来说难道不重要吗？你好像把它给遗漏了。你总在强调情绪和需要，难道没有其他影响体重和饮食的因素了吗？

遗传、激素或某些未确诊的疾病，如口炎性腹泻（食用麸质引起的损害小肠的自身免疫反应），可能会导致人们减肥困难。然而，当体重过轻时，人们也经常将之归咎于遗传。

"我认为人们可能把遗传和生活方式搞混淆了。"密歇根大学肥胖康复门诊项目主任、内科教授、医学博士大卫·E. 施泰因哈特说,"遗传因素只占肥胖原因的25%。"

文化传统、个人生活方式和食物摄入构成了另外的75%。如果你在一个经常吃油炸食品、白面包和甜食的家庭长大,你也会习惯性选择这些食物。这些味道会给你家的感觉。从某种意义上说,你继承了某些口味,但这并不是基因层面的。如果你选择含有劣质脂肪和氢化油脂的食物[1],就是主动选择堵塞自己的动脉血管。

如果你的家人习惯于在难过的时候大吃一顿,在你意识到这种模式或习惯的错误之前,你也会漠视自己真正的需要,和他们一样在不开心的时候猛吃。但是,要知道无论何时何地,你做出的选择都会影

---

[1] 包括油炸食品、甜点、快餐等。——译者注

响你的健康。

如果你每周带你的孩子去快餐店大吃6天,他们很可能会变成小胖子,早早面临健康危机。有数据表明,当父母中一方肥胖(根据标准身高和体重图表),另一方体重正常时,孩子有60%的几率肥胖。如果父母双方都肥胖,孩子则有80%的几率肥胖(基于生活方式的选择)。此刻,让我们重温一下卡尔·荣格的话:"如果孩子身上有什么地方让你不满,你应该首先自省一下,看看是不是自己首先没有做好。"

在过去十年里,肥胖率上升了50%以上。根据美国公共卫生部部长理查德·卡莫纳博士的说法,肥胖正在迅速超过吸烟,成为生活方式中致人死亡的头号杀手。每年有30万人死于肥胖症,社会开销大约是1170亿美元。但这些只是数字,我们往往只是随便看看,感叹一句"真遗憾"。那么,到底什么才能激励大家真正行动起来呢?作家罗伯特·弗里茨认为,真正能激励你的东西不是全世界大范围的健康危机,它来自你的内心，来自你内心中想要去改变的渴望。你会在许多出乎意料的情况下被激起这种渴望。

例如，看了纪录片《超大尺寸的我》之后，我的一位朋友下定决心不再吃汉堡。制片人摩根·斯波洛克反复在片中强调快餐食品的危害，并指出它直接导致了美国肥胖人数的增加。根据斯波洛克的说法，1972年，美国公民每年在快餐上花费30亿美元，如今，这个数字已经高达1100多亿。为了亲自验证快餐食品的危害，斯波洛克决定在30天里，早中晚三餐只吃麦当劳。在行动之前，他给自己定下规定：如果店员问他是否想要"特大份"食物，他都会说"是的"。

这一尝试迅速损害了这个30多岁男人的健康，医生们对此吃惊不已。他的胆固醇急剧上升，肝脏开始恶化。15天后，医生们强烈要求他停下来，否则就会有健康风险。斯波洛克不顾他们的忠告，也不管素食厨师女友的担忧，毅然选择了继续。他的体重增加了5%。到了最后,只有吃到"糖醉"的状态(Sugar high)[1]才能让他感觉舒服。这整个过程解释了食物成瘾是如何发生的。如果这件事发生在你们孩子身上,天哪,我都不敢想象!

> 怎样才能让孩子吃上更健康的食物?现在铺天盖地都是快餐广告,他的朋友们整天都在吃高糖零食,学校里到处都是卖饮料和糖果的自动售卖机。

我理解你的沮丧,你想要一些帮助,让你的小孩远离那些不健康的食品。在上面提到的纪录片《超大尺寸的我》中,一所名叫天然烘焙面包房的机构在威斯康星州阿普尔顿中心非传统性高中做了一项研究,

---

[1] 形容食用或饮用大量含糖食物或饮料后,短时间内出现的亢奋症状,对儿童的影响最为明显。——译者注

充分展现了新鲜、健康的食物对学生学习和行为的积极影响。在改变了他们的饮食后，一些问题青少年展现出了惊人的变化。改变饮食仅仅一周，老师和管理人员就发现，学生的注意力变得更持久，捣乱行为也减少了。如今，这个学校大受欢迎。

天然烘焙面包房在这所学校进行了五年的研究，最终得到了惊人的成果。他们指出，如果孩子们继续吃着不健康的食物，他们很可能成为第一代死在父母之前的人。这让我很难过，因为我们本可以选择自己的食物，也能选择给孩子们吃什么，但却形成这样的局面。我们不仅要生存下来，还要生活得很幸福！

我们应该怎样让孩子吃得更健康呢？除非到医院拿个进食管硬塞，否则我们并不能强迫孩子们吃东西。每个人都想要独立自主。孩子们想自己做主，父母们却总担心他们吃得不健康。父母们通常不太顾及孩子的想法，总是提出各种各样的要求：你必须去上学，必须去教堂，必须和小弗洛伊德一起玩，必须，必须，必须……

挑食成了孩子们对抗父母权威的一种方式。事实上，饮食障碍通常源自孩提时代，因为在这个年龄段，他们能控制的领域不多，吃不吃饭已经是最能自主的选择了。

父母们都希望自己的孩子吃得营养健康，顺利长大，所以当然会为孩子挑食而烦恼。于是乎，"印度孩子把盘子舔干净了都吃不饱"或者"试试看，我保证你会很喜欢吃"之类的威逼利诱就开始了。但这种尝试并不能激起孩子们的食欲，而只会导致另一个需要—抵抗—需要的循环："没人能对我指手画脚。我不想要的，你不能强迫我！"

不管是大人还是小孩，当我们被人命令时，第一反应总是抗拒——即使这命令正是我们需要的。这是每个个体要想独立自主的一种本能。在一个营养学讲座上，《如何让孩子吃得恰好》一书的作者埃琳·萨特谈到了厌食症婴儿这个话题。当父母们要求孩子吃奶或拿起奶瓶时,婴儿会反抗。初为人母人父,父母们一方面想为这个新生命倾其所有,一方面又担心自己经验不足。婴儿感受到了这种急迫的心情,把它当成了一个命令,于是开始抗拒——即使这个命令本身正是他们自己所需要的。

当我还是个孩子的时候,父亲每年都会做一两次煎饼。如果我吃的煎饼不够多,他会说:"哦,你不喜欢我做的煎饼。"对他来说,食物等于爱。不吃完所有的煎饼,你就是不爱我,也不珍惜我对你的付出。即使那时我还只是一个孩子,我也清晰地记得,我希望我的需要和选择能得到尊重。

成年后,每次回到父母家,闲聊之余,母亲总会在桌上摆满食物,包括花生酱饼干、开心果蛋糕、抹茶蛋糕、好时牌糖浆蛋糕……我现在已经不爱吃这些东西了。"多吃点!你吃得太少了。"她会说。这句话从孩提时代开始就萦绕在我耳边。在我小的时候,我把这句话看成是一种命令。我想要自主和独立。即使我真的饿了,我也会说"不,谢谢。"

如今,我经常听到父母们的感叹,比如"我家孩子除了白色或棕色的食物什么也不吃"(指通心粉、奶酪、白面包、米饭、鸡肉和甜食)。这些孩子被看成是挑食者。正因如此,不管他们肤色如何,奥普拉脱口秀的常客梅赫迈特·奥兹博士都把他们叫作"白色小孩[1]"。奥兹博士还说,你可能会继续要求你家孩子试试新的食物,但说上那么十次,他才会愿意试一次。

如果你想让孩子的饮食更加丰富,应该如何沟通呢?不妨试试这样说:"我们一起去探索一些新奇有趣的食物,看看什么东西既好吃又有营养,怎么样?"

或者:"我知道你喜欢甜食。你还需要别的食物

---

[1] 一般认为白人小孩都比较挑剔,所以起名为"白色小孩",这是一种刻板印象。——译者注

吗？吃块饼干试试看？"

还可以这样试试："作为父母，为你的生活和健康着想是我的责任，所以我会给你各种营养又健康的食物。我保证，我们一定可以从中找到你爱吃的那种。所以你愿意每周尝试一种新食物，来看看到底哪个是你的最爱吗？"

听到这里，你可能会说："天哪！对小祖宗说这些话又能有什么用呢？他只知道哭着喊着要馅饼，又或者对我大吼：'我不要听，我不要听！'"

对他说话时你得用上同理心。"你希望我们能考虑你对于你喜欢的食物的需要吗"或者"你想在不担心健康的情况下想吃啥就吃啥吗？"这样的同理心会让交流更顺畅。

最近，我和丈夫提姆八岁的孙女艾琳娜（Alina）有过一次有意思的对话。有一天，我发现她吃了太多的脆米饼,就没收了她的饼干盒。第二天早上做早餐时,艾琳娜七岁的妹妹安妮莎发现了一张蜘蛛网,并想把它清除掉。艾琳娜喊道:"别!小蜘蛛好不容易才织出了这张网!"

安妮莎觉得蜘蛛会伤害人类,所以要清除这些网。我告诉她,蜘蛛和人一样,在害怕的时候才会伤害别人。接着我告诉艾琳娜,我很抱歉,昨天没有好好沟通就把饼干盒从她那拿走。因为我担心她会养成无节制吃零食的习惯,这对她的未来毫无益处。艾琳娜说,我以为你当时也害怕饼干屑会弄脏你的电脑。瞧,同理心是可以传染的!

注意,比你的话语更重要的是这些话语背后的意图。你在提供选择,也在设置边界。如果你担心孩子在朋友家乱吃东西,你可以和朋友的父母谈谈,或者送去一些你认为有益健康的食物。你也可以通过自己对食物的偏好、谈论食物的方式和对食物的自我接纳程度,来教导你的小孩正确地对待食物。

回忆下你自己的童年吧。也许你的母亲、父亲、祖父、堂兄、姑姑、叔叔或朋友说过的一段关于食物的话语，你至今还铭记着，感动着，坚信着。有人曾说过："当你回到家中，会发现家人非常容易开启你的情绪'按钮'。这是理所当然的事情，因为他们本就是给你安上'情绪按钮'的那群人。"我对此深以为然。

我小时候有个玩伴，她母亲不想让她偷吃橱柜里的食物，总把家里的橱柜锁上。这个举动对小孩意味着什么呢？哪些食物可以接受哪些又不可以，她给了小孩判断标准吗？那么她的小孩长大后，对待生活的态度会是什么样的，这些问题都值得我们深思。

过往还有哪些话语让你至今难忘吗？如果有，试着去换位思考，想想说话者当时的感受和需要。

> 怎样才能把父亲的声音从我脑中删掉?他总告诉我,我太胖了,不能吃巧克力。

这些话语的重点在于你的父亲,而不是你。通过非暴力沟通,你可以从中发现你父亲内心真实的想法。他在害怕吗?他是想避免你在成长过程中重蹈他的覆辙吗?他是在为自己过去或现在糟糕的食物选择而悲伤吗?

一个人说的话,透露的其实是他自己的需要。如果你把这些话语当成是针对你的,你就只能被动地作出某些反应,例如:

- 感觉自己很糟糕,认同别人对你的评判
- 通过反击来进行防御
- 以上两者都有

当你深入分析,更加清楚地了解你父亲说这些话的原因后,你就会发现你理解了他的担忧。与此同时，你也将更加了解自我。

为了与父亲和解，你甚至不必和父亲交谈。你可以自己或者在他人的支持下来解决这个问题。关键是，你得弄清对方的感受和需要，以此挣脱那些至今仍在影响你的桎梏。

你可能会发现，心中挥之不去的伤痛需要被治愈。你可能会感到悲伤和不安。不管你的体重多重或长相如何，你都想要被理解和接纳。在那种情况下，我觉得你渴望一些共情，害怕受到评判。现在，你可以选择给自己（内心那个小女孩）的恐惧和对归属感的需要做一些同理倾听。

> 怎样才能摆脱童年那些唠叨？我妈妈总是说："必须吃完所有水果和蔬菜，否则就没有糖吃。"现在我看到营养食品就难受，它们像是一种惩罚。

为了引导孩子的行为,父母们经常用食物来奖励或者惩罚他们。例如:

- "如果去商店时你不尖叫,我就带你去吃麦当劳。"
- "再这样做,你就别想吃蛋糕!"

一名女性回忆说,小时候她家里非常贫穷,经常饿肚子。那时饥饿感会放大一切感官感受:家人们对美味菜肴的谈论声,刀叉触碰盘子的叮当声,以及房间里飘来她最喜欢的土豆香味。这种体验令她对食物"魂牵梦萦"。这么多年来,她一饿就会惊慌失措。而一旦她吃饱了,甚至吃撑了,她就充满了自信:"我真是个超棒的女孩。"

我的一个朋友,如果她安安静静地坐着理发,或者不再跟姐妹们吵架,就一定要来上一颗可可软糖。只要做了任何"好事",她就会奖励自己吃点什么。她不是特例,像她这样的还大有人在。你也许也认识一些这样的成年人,他们会说"等我完成这个任务,一定要吃冰淇淋吃到饱"或者"今天是一个特别的纪念日,一起去外面吃点好的吧"。

在一个以惩罚和奖励为基础的正义体系中,我们认为如果不遵从自己的饮食计划,就应该忍受痛苦。为了奖励自己坚持节食,又或是忍了好几个月不碰最爱的食物,有些人会奖励自己,一口气吃完所有的食物。这是两种极端,它阻碍我们去了解自己现在的感受。不要把吃看成是奖赏或惩罚,问问自己:"关于我的饮食和身体,我想去做些什么?我这么做是基于什么样的理由?"

说到如何摆脱过去那些关于营养食品的唠叨,你有没有听过"你应该多吃水果和蔬菜"这句话?就因为把母亲的关切当成了命令,你现在还在讨厌水果和蔬菜吗?你吃东西是出于习惯,还是基于自己的选择?或者说,你还是想用挑食来惩罚你的母亲,希望有人能对你的痛苦感同身受吗?

如果你曾感到痛苦，甚至至今可能仍沉溺其中，对此，你应该给自己一些同理心。请感受这种遗憾，当时的你没能听出母亲对你的希冀与祝福——她希望你获得健康与幸福，你却将其解读为惩罚。你得承认，享受营养健康的食物才是你真正的渴望。

你可以看看你的身体真正需要什么营养。从哪些水果和蔬菜中你可以获得这些营养呢？你可以考虑蓝莓，蓝莓含有抗氧化剂，能消灭那些容易导致体内疾病的自由基（自由基是身体内的有害化学物质，与癌症、心脏病密切相关）。看到这，你还讨厌蓝莓吗？说不定你会说："我本来就喜欢蓝莓，今天我要把它加进我的酸奶里。"随着时间的推移，你会发现食物是滋养生活的礼物，而不是对抗过去的呐喊。这种呐喊并不会帮助你满足自己的需要。

> 如果那些讨厌的话语来自我的医生，怎么办？我的医生说我必须减肥，否则可能会在两年内死去。我该何去何从？

让我们用同理心沟通的方式来理解他的话语："我的医生很关心我，想要激励我做出改变。或许他是担心自己的能力不能更好地帮助病人改变，不能促使他们更健康。"

即使你不太喜欢或欣赏这个医生的表达方式，也应该稍作反思，弄清楚自己的真实想法。他说的话有道理吗？如果你血压 140/95、身高 5 英尺（约 1.58 米）、体重 195 磅（约 88.5 公斤），你明天的确可能死于中风。你的体重会引起你对健康和美好生活的关注吗？还是说你觉得你已经活够了，准备好随时死亡，所以对健康状况无所谓？你真实的想法是什么？你想活下去吗？你想享受生活吗？你有想去做的事情吗？如果你想活下去，你就会选择能满足这些需要的行动。如果不是,你也可以选择像现在一样慢性自杀。

以下是两种选择,你可以任选其一:

· "如果我的血压降到120/80,体重减轻,爬楼梯不再上气不接下气,那样的生活该是多么从容和舒服啊。"

· "我想自由自在地吃东西,我不喜欢运动。有啥后果我都接受。"

接下来,问问自己:"不管别人怎么想,我真的想做出这样的选择吗?"

别人的威胁、警告、揶揄和恳求并不会给你带来有力的改变。香烟包装上都印着"吸烟有害健康",可有多少人还是照抽不误!

外部建议往往会激起一个"应该"效应。"医生说我应该减肥"或者"我的伴侣(丈夫或妻子)要我减肥"。

这就在"别人想要"和"自己想要"之间产生了矛盾。你也许会说"医生知道什么?"或"如果你不喜欢这样的我,就给我滚蛋。"你充满了抗拒,因为你觉得别人在强迫你。"你觉得我不减肥就不行?等着瞧吧!"你用自己的愤怒和不满,要那些让你改变的人付出代价。

你内心可能也很纠结。你想要健康,又想要自由自在,想吃什么就吃什么,想什么时候吃就什么时候吃,想吃多少就吃多少。你强迫自己"应该"做什么的时候,就不太可能感受到自己的需要,也无法得到自己真正想要的东西。然而,当你时刻保持着同理心和自我接纳时,就没有什么好纠结的了。你是你自己的盟友。在这样一种开阔的视角下,你可以自由选择食物,找到最满意的饮食策略。最终,同理心让你不再受制于食物。

> 即使你发现了你的需要,不再被童年那些关于食物的话语所束缚,也不再受困于那些"应该不应该",这样就真的能改变过去二十多年形成的饮食习惯吗?

当然能。作者安妮·拉莫特说:"我又一次成了蹒跚学步的'儿童',年龄最大的那个。"她讲述了在多年的暴食症之后,她是如何在33岁时才学会吃东西的。"当老师教会了海伦·凯勒[1]什么是'水'之后,她四处摸索,学习着每一个事物的名字。我就和当时的海伦·凯勒一样,努力练习,慢慢发现什么食物是我想吃的,它们的味道究竟是什么样的。"

重新开始,永远不会太迟或太早。举个例子,奥

---

[1] 美国著名盲人女作家、教育家、慈善家和社会活动家。在十九个月大时因患急性胃充血、脑充血而被夺去视力和听力。——译者注

普拉·温弗瑞采访小罗伯特·唐尼[1]时，问他如何摆脱多年的药物滥用。他回答："只要你决定去改变，事情就没有那么难。"可悲的是，有些人死死坚持伤害自己的做法，还一直相信那样做能挽救自己。

---

[1] 美国好莱坞男明星，主演过《钢铁侠》、《复仇者联盟》等电影，曾有过吸毒史。——译者注

和食物翩然共舞

EAT BY CHOICE NOT BY HABIT

"在让人类幸福这件事上，发明一道新菜比发现一颗新星更重要。"

——简·安特姆·布里亚·萨瓦兰

(Jean-Anthelme Brillat-Savrin) (1755 - 1826)

假设一下，你正准备放弃一种不再有效的饮食方案。你很清晰地感觉到，是时候改变了。你准备付诸行动，浑身上下充满了干劲。为了更容易达成目标，你此刻能做的最简单的小事是什么呢？享受！没错，享受每一口的绵密、脆爽、嚼劲和光滑，陶醉于快乐之中。你吃得越慢，对吃下去的东西越是欣赏，感受到的愉悦就越充分。精致的口味和无限的食物种类构成了生活中最丰富的宝藏和乐趣。吃，是一种感官体验。

想象一下，你正在品尝最爱的食物。它是咸的还是甜的？它的味道极具冲击性，还是缓缓在舌尖绽放？是凉的，还是烫到让你流泪？你最爱在什么时候吃？在哪里吃？你和它的第一次亲密接触是什么感觉？

我最喜欢百吉饼配白鲑沙拉。柔滑的质地、番茄的甜美、鱼的咸香、百吉饼的绵软加上芝麻粒的松脆……所有这些结合在一起，创造出真正的味觉享受。白鲑让我想起自己的青少年时光,星期日的早晨,姐夫的父母会为我准备一份这样的早餐。白鲑鱼是最能代表犹太人的食物,营养健康,美味可口。

将注意力放在下一口的咀嚼上。安静地坐着,不要交谈或分心,完全沉浸到此刻的体验中。你注意到了什么?吃东西的时候感觉怎么样?你饿吗?食物嘎吱嘎吱作响吗?它顺畅地滑过你的喉咙,还是像纸板一样膨胀起来?你的胃感觉如何?有什么想法?有什么回忆?除了食欲,你是否意识到还有其他需要得到了满足?

我希望,身处各种文化中的人们,能从吃中真正体验到快乐和满足。这是一个快节奏的社会,连吃饭都匆匆忙忙。有些人吃起东西来,就像把硬币丢进一台贪得无厌的赌博机那样快,一枚又一枚,总是为那笔永远中不了的大奖心神不宁。

法国人则以进食慢而闻名。他们一顿饭要吃上两三个小时，在餐桌上彼此交流，也与食物交融一体。他们会吃羊角面包、黄油和奶酪这样富含高脂肪的食物，但普遍比较瘦。那是因为他们走路比我们多，吃的分量也相对少。为了满足欲望，他们会吃高脂肪食物，却不需要吃很多。我们的文化则总是用巨大的食物分量，来填补被忽略的需要。

回想一下。吃东西时你在干吗？是正在开车，还是干脆站在厨房灶台前？你一边吃东西一边看电视时，食物好吃吗？匆忙赶项目时，快餐的味道如何？现在，回忆你仔细品味食物的那一餐。当你放慢速度，慢慢咀嚼时，味道和食材会在舌尖上活跃起来。你并不需要吃很多，因为每一口都是享受。只要你体验到了更多的快乐，就不会为吃后悔。

当你选择的食物能平衡你的情绪和生理需要时，食物的味道如何？这是你想探索的东西吗？

> 我怎样才能摆脱罪恶感,真正去享受美食呢?尤其是面对那些不应该吃的食物!

让我们来解读一下,什么叫"不应该"吃。是因为那些高脂肪食物不利于健康吗?为什么你会说不应该吃呢?让我来帮你重塑一下思维:"它不像其他营养食物一样是必需品,所以我想吃得少一点,但因为那是我想吃的,看看我如何能把这种需要也考虑进来吧。"这种思维模式感觉如何?你喜欢"我只吃一点就够了"这个想法吗?

> 你是说我应该更享受吃东西的感觉,这样会有帮助吗?我不太喜欢吃东西。要不是身体需要,我才不吃呢。

又是"应该"这个词!我猜你不喜欢食物,是因为过去的一些事情或信息让你无法享受进食的快乐。你总是在不得不吃的时候才吃吗？你觉得这种压力来自哪儿？你最不愉快的进食记忆是什么？你还记得那些愉快的进食时光吗？是什么让这些回忆显得特别？你不喜欢吃东西是因为你急于做自己更喜欢的事情，觉得吃东西会占用你很多时间吗？

想想那些你喜欢的东西，那些你很乐意去触碰和玩耍的东西。下一次吃东西时，带着这些回忆。用各种颜色的食物装点你的盘子，就像装修时用丰富多彩的颜色装饰你的小屋一样。为了激发起兴趣，只吃你最喜欢的那个"颜色"的食物，没有跟你的口腔作充分的沟通。没有约束，没有"应该""不应该"。可以穿得隆重些，也可以穿得舒服点儿，再点几只蜡烛，或者坐在家里地板上来场"野餐"，与食物们交谈，假装它们可以对你的话做出回应。

关注食物散发的气味，不管能不能吃，它是你喜欢的那种香味吗？琥珀香？肉桂味？香草味？玫瑰味？松木味？咖喱味？你喜欢哪种口感？丝滑感？褶皱感？流动感？颗粒感？完全打开感官，拥抱食物带来的所有感觉。

你对食物欲拒还迎，这种关系并不奇怪。食物的不同味道会激发你各种各样的感受，比如兴奋、快乐和安全感。当我们呱呱坠地来到这个世界，就吮吸着来自母亲乳房或者奶瓶里的奶。食物能安抚我们，也会让我们不安。对食物的选择，常使我们困惑。铺天盖地的广告和减肥书，告诉我们哪些该吃哪些不该吃。这个星期大受欢迎的食物，下个星期可能就人人唾弃。伍迪·艾伦在他的电影《傻瓜大闹科学城》中就讽刺了这种现象。

电影中艾伦扮演"快乐胡萝卜健康食品店"的老板，他在医院进行一次例行手术时，身体被低温冷冻了起来。200年后他苏醒过来，但科学家们对他那个年代的"古怪的"素食习惯感到不解。阿拉贡博士说："200年前的人们认为，这些美妙的食物带着维护人类生命的特质。"梅利克博士回应道:"这里居然没有油炸食物,也没有奶油馅饼或巧克力蛋糕,简直不可思议!"

不止是未来的人,我们的祖先可能也对我们如今的饮食方式不以为然。对他们来说,食物是一种生存手段。他们践行了一句谚语:"吃饭是为了活着。"而如今的我们则是:"活着是为了吃饭"。吃得太快,嚼得太少,不仅会降低我们的快乐,还会伤害消化系统,进而导致不得不改变进食习惯。越来越多的人正在遭受消化系统紊乱的折磨。在美国,有6000多万人每月至少有一次胃痛,每天都胃痛的人数则达到了1500万。

电视广告宣传的是化学式的应对方法。"吃多了,胃不消化,没关系,来片健胃消食片就可以大快朵颐!"

别再借助消食片了,试试下面这个方法。慢下来,审视你的内心。怎样能让你的饮食体验更加愉快，不仅仅是当下，而是几个小时之后依然欢乐？你之所以不能享受食物，是因为你想赶紧解决这一餐，然后去做其他事情吗？

> 难道世界上会有好吃又健康的食物？有没有哪种健康食品味道也很棒？我喜欢食物，但我爱吃的东西，不是甜食就是油炸食品。

孩提时代，我经常从花园里采摘新鲜的西红柿，像苹果一样拿起来就啃。在炎热的夏日午后，这味道实在棒极了。如今，要找到这样口感的西红柿已经相当困难了。把西红柿运送到当地的杂货店，可能就需要几天时间。等到它们被摆上杂货店的货架，反复的喷洗已经加速了食物的老化。农药和转基因食品也降低了其自然口感。

但是，你还是可以找到这种味道。跟着你的鼻子走，闻一闻商店里的水果和蔬菜。自然成熟的甜瓜应该闻起来就有甜瓜的香味，西红柿闻起来也会像西红柿。如果没有闻到这些味道，它们尝起来应该不会鲜嫩多汁，而是像纸板，你是不会想多尝一口的。

除了杂货店，你还可以去当地的有机农贸市场。如果你愿意花多点钱购买有机食品的话，可以选择这十二种蔬果：桃子、苹果、甜椒、芹菜、油桃、草莓、樱桃、生菜、葡萄、梨（进口）、菠菜和土豆。因为这些食物以非有机形式即喷洒农药方式种植时，农药含量往往最高，所以买有机种植的就可以最大程度地躲开这些农药，性价比最高。以非有机形式种植时农药含量最低的是：洋葱、鳄梨、甜玉米、菠萝（冷冻）、芒果、甜豌豆（冷冻）、芦笋、猕猴桃、香蕉、卷心菜、花椰菜和茄子。有机水果和蔬菜通常更美味、更有营养。不要担心有机蔬果身上有瑕疵。非有机形式种植的食物如果没有瑕疵，那它肯定含有某些化学物质，你是不会爱吃的。如果你喜欢挑战，不妨自己种植水果和蔬菜。可以做个口味测试，看看你从哪种渠道得到的食物最美味。

如果买不到有机食品，你可以使用苏菲·乌利亚诺[1]调配的蔬果清洁喷雾剂。将下列原料混合在一起，放入喷雾剂瓶中：

- 1 杯水
- 1 杯蒸馏白醋
- 1 汤匙小苏打
- 20 滴葡萄柚籽提取物

将混合物喷洒在蔬果上，等 5 至 10 分钟，冲洗干净，然后尽情享受吧。

做出好吃蔬菜的秘诀就是购买优质蔬菜，用你最喜欢的调味品来烹饪，例如：

1　美国营养学家、畅销书作家。——译者注

- 用芝麻海盐（gomasio）代替酱油，或在蔬菜中加入橄榄油和大蒜。

- 在最喜欢的蔬菜或调味料中加入芝麻酱。

- 使用有机冷榨特级橄榄油。在沙拉中加入少量的这种橄榄油和鲜榨柠檬汁。

烹饪是一种创造性的活动。根据你的需要，你可以大胆地改变食谱。我的外号是"百变女王"，这个称号继承自我的祖母，人们称赞她"巧妇能为无米之炊"。在烘焙食物时，我经常把糖和油的分量减少一半，而一般大家是不会减少这些成分的。

做小点心时，我一般不用含糖的果酱酸奶，而用富含益生菌的全脂原味酸奶（口感和味道更好）。加入核桃和葡萄干。为了适合孩子们的口味，再加入一茶匙可可粉或抹茶粉。另一种小点心的做法是将自制的果酱抹在饼干、生菜叶以及其他生蔬菜上，味道好极了。

通过不断尝试,你的创造力会活跃起来,感觉也随之变得敏锐。烹饪帮你找回童年的记忆,这些记忆可能会激励或抑制你继续创新。也许你家里的掌勺者总是嫌你在厨房里碍事,又或者总是有人纠正你切苹果的手法,这些批评让你想逃离厨房。做饭的时候,你对自己的烹饪能力和水平感到焦虑,害怕与别人分享你的作品。

如果真是这样,那么,有必要重新思考和探索烹饪的感觉了。挑战自己,从烹饪中找到乐趣,创造属于你自己的食物。只要你放手去做,你就会发现你的口味也会随之改变。曾经微妙的味道现在会让你回味无穷,因为你的口味变得更精致,食物的口感自然也会变得更细腻。还有一个好处就是,你不会再吃那么多的糖,不会再对糖难以自拔了。

我很想知道,饮食文化习惯对我们的味蕾有何影响。20多岁的时候,我住在以色列的一个基布兹(Kibbutz)[1]。我在一家幼儿园上班,里面全是2至4岁的小孩。我会在那里做一些关于食物的小实验,例如,让孩子们一手拿着巧克力蛋糕一手拿着黄瓜,然后从中做出选择。

你敢相信吗?十个小孩当中有九个选择了黄瓜。

从贪恋美味的角度考虑,大多数人都习惯用含糖量高的食物来款待别人。但是,对于那些正在试图改变饮食模式的人而言,好味道往往会从意料之外的地方迸发而出。我们的味蕾似乎总会配合内心的意图。每次去乔氏超市[2](Trader Joe's),我都会尝试一种新口味——全新的香料、小吃或以前从未吃过的饭菜。这使得采购食物从一种单调乏味、不断重复的家务事,变成了一场令人兴奋的冒险。

---

[1] 以色列的一种集体社区,社区里的人没有私有财产,工作没有工资,衣食住行教育医疗都是免费的。——译者注

[2] 美国一家有机食品连锁超市。——译者注

和朋友们一起逛本地健康食品商店,是另一种打破饮食常规的好方法。大家一起分享经验,这样可以对食物选择不再那么死板。和你的朋友们一起烹饪,一起尝试各种新菜式吧!让菜肴变得更健康可口,让你的创造力飞扬!

> 那么,吃起素食来毫无节制,这样到底好不好?既然是素食,那就越多越好。

这不是"好不好"的问题,而是你的身体需不需要的问题。当你的食量超过商用客机所供应的食物量时,往往说明它超过了身体的需要。不吃掉一整棵生菜或一整袋胡萝卜,真的就无法满足自己对营养、快乐和安慰的需要(或其他已经确定的需要)吗?不是。从省钱的角度来看,也不用吃那么多。

根据罗伯特·弗利兹的说法,控制食量有益健康。有研究表明，那些吃得更少的老鼠，比一般老鼠寿命延长了40%。这一事实引出了两个问题：吃得太多其实是在自杀？吃得少会更有益于健康？答案显然是肯定的。

> 每时每刻几乎食不离口，这样有问题吗？我喜欢少吃多餐，几乎从不觉得饿。

我认为这没有太大问题，但是你可能希望让身体多点时间休息。你的身体需要稳定的胰岛素水平，而消化过程对身体有一定消耗。如果你一天吃六顿以上，表示你的身体不能得到足够的休息。如果你还想再多吃几次，那一定要补足水分。我们常常将脱水误认为是饥饿。如果你的尿是深黄色的，就说明该补水了。如果你体内水分充足，尿液通常会是柠檬色或者更浅。当你缺乏蛋白质和脂肪时，也会经常想吃东西，因为总感觉像没吃饱。

如果你喝了一两杯水，吃了三顿饭，还来了两三份零食，但依然感到饥饿，那你可能需要检查下你的情绪需要了。找到关键所在了吗？是什么让你有很饿的错觉？

吃到什么程度才算"饱"？

即使没准备大吃特吃，我们在肚腹已经满足的情况下依然不愿离开餐桌。除了偏好大食量及嗜糖的饮食文化外，这里面还有什么其他原因吗？不搞懂情绪饥饿和生理饥饿的区别，你是很难让自己离开餐桌的。如果你不知道什么是饿，又怎么能知道什么是饱呢？当你逐渐意识到自身需要和吃东西的快乐时，你就能慢慢摸索到身体饥饿的线索了。有些人认为"感觉空虚"就等于饥饿，而有些人真的饥饿时会感到胃部烧灼。留意一下你饿了会有什么感觉，感受你的胃、双手和脑袋——饥饿感发生在哪里？你总是不停地吃，直到突然发现吃撑了，还是能随时觉察到自己的饱腹程度？

罗伯特·弗利兹编制了饥饿／饱腹感量表，你可以用它来鉴别饥饿的程度。

0. 饿到甚至有点恶心——感觉非常虚弱，全靠肾上腺素撑着。

1. 饿到觉得什么都好吃——这时候开始吃，往往会吃得过多。

2. 感觉饥饿——现在就要吃！

3. 中等饥饿——想吃东西，但还可以忍一下。

4. 有一点饿——开始有想吃点东西的念头。

5. 不觉得饿了——不那么想吃东西，也不觉得胃里有食物。

6. 状态满意——能感觉到胃里有食物，但不觉得胃被塞满，也没有不舒服的感觉。

7. 略微不舒服——能感觉到胃里的食物，觉得有点满了。

8. 不舒服——胃胀，胃里充满了食物。

9. 吃撑了——想躺下来好让食物消化。

10. 太撑了——胃疼，感觉胃里的食物超量了。

从生理学的观点来看，最好在"2"时进食，在"5"时停止。如果你这样有规律地进食，你就会维持正常的体重。但是，如果你在"3"时进食，在"6"时停止，这也无伤大雅。参照这个量表练习一下进食，吃到自己"不觉得饿了"的状态，而不是饱。

如果你想找一张能激发灵感的备忘单,可以试试这个,它改编自桃瑞丝·威尔德·赫尔墨宁和迪亚内·海耶斯的文章《想瘦就瘦》里的内容。

生理饥饿	情绪饥饿
·逐渐产生	·突然产生
·发生在颈部以下(胃咕咕作响)	·发生在颈部以上(例如,想尝尝冰淇淋)
·饭后几小时出现	·随机发生
·吃饱后消失	·吃饱后依然存在
·进食带来满足感	·进食带来羞愧和内疚

你也可以设计一个属于你自己的、包含你独特饥饿线索的饥饿/饱腹感量表或者清单。记住,你是自己的权威。只有你才能说出什么时候是自己真正的饱。

下面一些生理学上的小建议有助于唤醒你的觉知：

· 奥普拉·温弗瑞的教练鲍勃·格林建议，睡前两个小时不要进食。如果你觉得有点饿，那说明你的身体在燃烧脂肪。大部分人即使要睡觉了，只要觉得有点饿，就总会吃点什么。其实，我们此时需要的不是营养，而是睡眠。

· 正如我之前所说，我们的饮食文化常常使我们将口渴当成饥饿来处理。喝苏打水、咖啡、酒精或其他甜饮料（包括果汁）时，会使我们已经缺水的身体更加缺水。糖会把水分从我们的细胞里抽出来。咖啡根本就是利尿剂。如果你喝完一杯水，还是感觉（生理）饥饿，那就吃点什么吧。

> 有些人可以随心所欲地吃东西,这不公平!他们似乎总是吃不饱,想吃啥就吃啥,却怎么也吃不胖。

我的直觉是,你感到嫉妒,而且想要寻找一些神奇的方法来随心所欲地进食,同时还能满足你对美丽、健康和体形的需要。

几年前,我和室友凯瑟琳住在旧金山,她一直在减肥。她会盯着时装杂志说:"哦,天哪,如果我和你一样瘦,我就能穿上这件衣服。"她的感觉是:"如果我的体重能减到某个数字,我就能选择这些衣服穿。"

好吧,我的体重就是她渴望的那个数字,但我并没有她那样的想法。我47岁,身高5英尺8寸(约1.77米),体重自15岁起就在122磅到135磅(约54~61公斤)之间徘徊。大家总是给我贴上"瘦""苗条"之类的标签。虽然我的体重一直相当稳定,但我也尝试过很多节食方式,也会时不时想象自己假如不幸胖了的模样。我的憧憬和凯瑟琳不一样。我脑子里想的不是"想吃啥就吃啥,而且还不会胖",而是"我要是有500万美元就好了"。我问自己:"我想要的是什么?"

当人们看到我时,他们可能会想:"为什么她吃那种东西还不发胖?"那是因为,为了维持我的体重和健康,我时刻注意食物摄入量和运动量。

说实话,我可能生来就注重营养。听说,当我还是个婴儿的时候,我就拒绝吃罐子里的婴儿食品。实在没辙,我母亲专门买了一个搅拌机,做蔬果泥喂我。16岁时,我在汉堡王打工。当一对肥胖夫妻来买第二杯奶昔时,我说:"对不起,请问是你们刚刚在这里买了一份奶昔吗?"他们说是,我说:"为了你们的健康,我不会再卖一份给你。"那天晚上我被炒了鱿鱼,但我感觉还不错。这并不是粗鲁或鲁莽,我是在用这种方式贯彻内心的爱与同理心。

对于绝大多数人而言,你每天的选择,成就了现在的自己。有的人新陈代谢很快,有的人经常锻炼,所以他们吃得比别人多。你看到的那些大吃大喝却身材苗条的人,绝大部分可能一两个月才放纵一次,你只是恰巧碰到了他们大吃大喝的时候。

现在别管他们。你的梦想是什么?关于你的身体你看重的是什么?我知道当你看到杂志、电影上的帅哥靓女时,很难不把自己和他们进行比较。虽然我们的社会似乎更青睐"完美"的身材,但如今的媒体上越来越常看到各种各样体形的人了。德芙巧克力生产厂家曾经举办过一个广告活动,主题是:真正的美,是随时随地尊重每一个人。我们见过奥普拉·温弗瑞以各种身材亮相在荧幕上,瘦的、胖的、不胖不瘦的。娱乐圈里的人也好,普通人也罢,不少人都在艰苦自律,区别只在于有些人坦然承认,有些人善于伪装。不过,你永远都可以有自己的选择。

你可以选择赞美你的身体。不必等别人来欣赏它，更不用等别人告诉你他们喜欢你的哪些部位。

摆动！舞蹈！呼吸……享受自己的身体！

我的朋友邦妮，有一次参加在俄勒冈海岸的一个工作坊，当时的她完全被一个特别的女人吸引了。按照我们的社会标准来看，这个女人并不是一个典型的美女，甚至有些人也许会认为她长相平凡。但是，她能在工作坊中自由自在地和周遭的人交流，在场很多男士都被吸引到她身边来，而她从内而外散发出的美源自她了解也欣赏自身的价值。

亲爱的读者，你想和你的身体建立什么样的关系呢？

> 你是说减肥也未必会让我开心？要是减肥成功，我肯定开心死了！

我们可以把食物比作钱包里的钞票，每天都会花掉一笔。如果你花得比较少，你的体重就会减少；如果你花得超支了，你的体重就会增加，你还需要补交一份费用弥补你的透支；如果你的花费刚好等于你钱包里的钱，你的体重就会维持稳定。

所以减肥成功一定会让你更快乐吗？不一定。金钱并不能使人快乐。丰富的资源可以满足人们选择和安逸的需要，却不一定能在某个时刻带来幸福感。

同样，变瘦也不一定会带来快乐。只要体重状况符合他们对健康和舒适的期待，有些人就会对现状满意。还有些人认为体重重些可以带来安全感，如果他们体重减轻后，依然无法拥有"完美"的人际关系和"完美"的工作——这两件事也能给他们安全感，这会让他们惊慌失措。除非他们能重新找到满足其安全感的事物，否则，体重的减轻会令他们感到不安、脆弱，觉得自己缺乏保护。

需不需要为体重定下某个目标?不。我们需要的是安全、健康、幸福、活力和接纳。让体重达到一个特定的数字,只是一种满足需要的手段,不是需要本身。我不是"需要"体重130磅,但我可以"选择"体重130磅。我130磅重时,穿衣服很合身,我喜欢那样的自己(审美的需要)。我喜欢因体形适中,有更多的衣服搭配可供我选择的状态(选择的需要)。我喜欢我的身体在130磅时的感觉(舒服的需要)。我也喜欢受到来自别人的关注(关注的需要)。当我们的需要得到满足,就能体会到快乐。

> 在你看来,运动重不重要?

1990年,我从美国华盛顿州骑行到马里兰州。整整3个月的时间里,我每周骑行6天,每天骑行75到100英里,总共4500英里(约7242公里)。我是个营养师,喜欢做各种测验。为了满足好奇心,我在出发前和到达后做了身体脂肪和体重的测量。结果发现,3个月后,我的体重保持不变,但体脂率下降了4个百分点。

虽然我通常吃健康食品,但在旅途中,我食用的食物数量和搭配让许多人吃惊。我的腿部肌肉变得前所未有的强健。我的力量、耐力和健康水平达到了巅峰。由于这次旅行,我的新陈代谢速度变快,而且此后似乎一直保持着较高的水平。

当然,你并不一定要通过骑单车横穿整个美国来健身减肥。各种锻炼方式都是可以的,只要持之以恒,就能提升身体和心灵的健康状态。

适度的运动能抑制食欲,当你运动时,可能会摄入更少的卡路里。运动还会促进内啡肽分泌,能满足一部分安抚的需要。而在平时,这部分需要往往是通过吃来满足的。此外,当你开始用同理心和关怀来对待自己的身体时,你开启了一种螺旋式的反应。正如暴力引发暴力,而同理心和关怀同样引发同理心和关怀一样。

运动是保持体形的关键。不少专家认为,体形适中比肥胖更有利于整体健康。

私人教练苏珊·塔克认为,运动最重要的就是选择自己喜欢的方式。她还建议根据自身健康水平,每天进行10到60分钟的有氧运动。如果你是在中断一段时间后重新开始,或者刚刚开始运动,她建议每天做10到15分钟。最好是将有氧运动与抗阻训练或者力量训练结合起来。

有氧运动,又称为稳态运动,能让你的心率20分钟内保持在一定水平。你可以通过持续的走路、跑步、骑自行车或游泳来达到这种状态。阻力训练是一种负重训练。力量训练,顾名思义就是要增强你的力量。为了形成一套有效的、无损伤的训练流程,苏珊·塔克强烈建议跟着健身教练学习一两节课,或者雇用有资质的私人教练进行学习。

私人教练佐伊·卡罗尔(Zo Carroll)建议,我们应该从生理和心理双重角度来看待运动,它是一种促进身心连接的事物。他说,如果漫不经心,那就只是在无意识地重复动作,缺乏对身体的感知。

专注于你的运动吧,在重复的动作中感受身体的反应和变化。聆听身体的倾诉,问问自己,安全、有趣、身心一致性和快乐的需要是否得到了满足。还有,运动时,别忘了带上你的孩子们和狗狗哦。为了健康,他们也需要动起来!

带着同理心和
食物交朋友

Eat by Choice Not by habit

"生活的乐趣之一是和朋友们一起聚餐,其次是谈论美食。可如果在你和朋友聚餐时恰好别人在讨论美食,那可能会变成灾难。"

——劳丽·科尔温(Laurie Colwin)的书

《家常菜》(Home Cooking)

> 我该如何摆脱自动售货机和快餐店？对我来说，在家里有规律地锻炼和饮食是很容易做到的，但我一直都在四处奔波。旅途中应该如何保持健康呢？

提前计划，做好准备。带上方便随身携带的食物：三明治；金枪鱼或鲑鱼罐头；葡萄干、杏仁和核桃的混合物；苹果或芒果干。在便利店买一些香蕉、坚果或奶酪棒。

除非迫不得已，否则不要买自动售卖机里的东西。如果它是你唯一的选择，那你最好买一些坚果来吃。燕麦棒要比糖果棒更好。

出发之前，到网上查一查旅途目的地附近有什么好的健康食品店和餐馆。给你的入住酒店打电话，问问他们有什么推荐。尽量购买健康的小吃和无须冷藏的外卖。买一些你在家乡吃不到的东西也许会很有趣。如果你经常去同一个地方，就像记住那里的旅游景点或旅馆一样，请记住那里健康食物的来源和分布。

在外边的餐馆吃饭时，如果你点了蔬菜作为配菜，记住让服务员把你的主菜一分为二，将其中一半端上来，另一半打包。第二天早餐或中餐时，去大胆尝试这些被认为不宜当早餐的食物——前一天打包的主菜。通过食用蛋白质和蔬菜，你的身体将在新一天拥有一个活力满满的开始。

不管你选择吃什么，都不要等到饿了才吃。当你觉得饿时，你的血清素水平很低，需要吃更多的食物才能达到饱腹感和满足感。你会一通海吃海喝，超过了你一顿真正需要的量。这就是为什么没吃早餐和午餐的人，回家后经常会停不下嘴，从晚餐一直吃到上床睡觉的原因。这种进食模式不仅影响你的身体，还会危害你的大脑。有研究表明，那些不吃早饭的学生在学校里也表现不佳，他们的大脑因为缺乏能量和营养而难以正常运转。

> 改变我的饮食模式意味着我不能再出去吃饭了吗？不管是在家还是出门，我就是爱下馆子。

让我们用同理心来翻译下你为什么会说"我不能"。你在担忧一旦改变了饮食模式，在餐馆里吃饭的快乐就一去不复返了吗？

食物和生活一样，总是可以有各种选择。服务员通常是很乐意为顾客服务的，所以你想吃什么就点什么吧，这件事同了解自身感受和需要是一样重要的。事实上，同理心沟通（非暴力沟通）的第四步正是：提出明确的请求。

从 15 岁起我成为一个素食主义者，在全国各地的餐馆里，我有过很多次表达自身饮食喜好的经历。

我会对服务员说:"我遵循素食主义,所以想要弄清楚菜单上这几个菜的做法。你们的汤用的是鸡汤吗?"

或者:"我只吃某些种类的食物,而你们的菜单上没有。你可以给我一盘蔬菜作为主菜附带一份酱汁吗?"

这样,你就可以自主地选择在食物中添加多少酱汁,而不是抱怨餐厅服务员没能满足你对营养的需要和渴望。正如非暴力沟通的创始人马歇尔·卢森堡所说:"当我们责备别人时,我们就放弃了改变自己的力量。"

提出请求,就像让一家墨西哥餐馆的服务员拿走桌上的薯片那样简单。你可以要求你的同事、配偶或朋友与你分食一份主菜,然后再额外点一份沙拉或汤作为配菜。你有着超乎你想象的力量去控制周围环境。只需要你大胆开口,把你的需要作为礼物传达给那些想要帮助你的人。

> 在假期和聚会上我应该如何控制饮食呢？现在正值感恩节与圣诞节假期，我参加了一个聚会，但我希望能吃点健康食品。

在聚会之前吃点零食，这样你就不会觉得很饿。过度饥饿经常会导致我们做出后悔的选择。

让自己有自由选择的权利。与其约束自己，不如与自己达成一致。你可以让自己一次性穿过整个自助餐桌，然后选择四个想要尝试的菜肴。或者同那些远离餐桌的人交谈，这样你就不会盲目地吃东西了。吃点东西后喝一杯水，水会填充你的胃，让你暂停进食。如果你参加的是百乐餐[1]（potluck）并想让大家分享你的厨艺，那就带上你喜欢的健康食品吧！

限制你的酒精摄入量。你喝得越多，你选择健康

---

[1] 一种聚餐模式，受邀请的客人通常会带着自己烹调的食物与大家一同分享。——译者注

食物的能力就变得越差。酒精还会提供不少空卡路里[1]，对你的健康毫无益处。

最重要的是，整个聚会期间都要做好自我觉察。你还饿吗？因为不喜欢社交，你感到紧张并想要放松吗？你希望在蛋糕里找到安慰吗？你能从一杯酒中获得归属感吗？你的男朋友正在和别人调情吗？你焦虑不安，想寻求慰藉吗？了解自身在社交场合下的需要和感受，这有助于你与你最深层的欲望保持一致。

参加聚会之前，想象下自己今天的精彩表现。想象下这样的画面：你正在和某人聊天，聊得很尽兴。把你的注意力都聚焦到这些重要的人身上。

1　含有高热量却缺乏基本维生素、矿物质和蛋白质。——译者注

**支持他人获得身
体与食物的非暴
力沟通方式**

EAT BY CHOICE NOT BY HABIT

"努力理解一个问题的本质或一个人的观点是没有坏处的。当人们感到被倾听和被欣赏的时候,他们表现出的创造力和革新精神实在令人惊讶!"

——多克·奇尔德(Doc Childre)

> 你说在家里要支持你的伴侣去选择健康的食物。我都结婚十年了,还是不知道支持和相互依赖的区别。

支持就是"急人之所急,需人之所需",给予情绪上充分的援助。你可以使用非暴力(同理心)沟通来实现你想提供支持的愿望。措辞可以是这样的:"我听说你想改变你的饮食习惯和食物选择,当我听到这个的时候,我很高兴并且想提供支持。你能告诉我在这个过程中我能做些什么或说些什么吗?"

如果你对别人的决定以及该决定对你生活的影响感到担忧,这是相互依赖。相互依赖是执着于让事情的结果或处理方式按你认为该有的样子进行。它不同于相互信赖。当你表现出相互依赖的征状时,你很难将你的需要和他人的需要区分开来。

你的亲人可能希望从你这里得到支持。他们也可以选择参加一个支持团体。世界各地都有不少非暴力沟通实践团体（可登录网站 www.cnvc.org 查看地址明细）。这些团体的任务不只是关于体重，不管你希望有何改变，你都能通过参加这些团体来获得你想要的支持。

> 当你担心亲人的体重时，你该怎样表达他们才能听得进去。

首先，你要搞清楚你为什么会担心亲人的体重。你有什么需要没有得到满足吗？你是在担心他们的健康，希望他们可以陪伴你度过更长的时光吗？你担心他们的食物选择会影响他们的寿命吗？你担心体重会影响到伴侣对你的吸引力吗？

在处理他人的体重问题之前，先搞清楚你自己的需要。当你梳理清楚时，再考虑用同理心来表达出你的担心。

正如作家、演说家玛丽安·威廉森所说:"无爱的坦诚是残忍的。"怀着爱、用人们愿意聆听的方式来坦诚地表达自己的想法,这是每个人都可以学会的技能。

如果你对你体重超标的伴侣充满担忧,担忧他(她)糟糕的饮食习惯会导致他(她)明天心脏病发作,你可以暂停一下,转而想想你的感受和需要,然后带着对这份感受和需要的意识表达出你的想法。你可以这样说:"亲爱的,我很害怕。心脏病随时可能发作,夺去人的生命。你愿意做个心脏扫描,看看是否有心血管病变吗?"

或者:"我很在乎你。我害怕我的生命中不再有你。我希望你能尽可能长的待在我身边。听到我这样说,你能告诉我你有什么感受吗?"

对我来说，体重与健康息息相关，但对有些人而言，体重也会影响审美。如果你是这样的人，你可以这样表达："你知道吗，自从我们结婚以来，你的体重已经增加了大概 50 磅，我不再像以前那样被你深深吸引了。我渴望找回当初的激情与亲密。所以你愿意考虑下改变你的饮食习惯吗？我们可以一起努力。"

不要给对方贴标签，不要说"你真胖"和"你看起来像个胖子"这样的话。最近，我在本地报纸上读到这样一则故事，一位医生用"你真胖"来迎接走进他办公室的一位病人。我猜这位医生当时肯定很担忧他的病人，他想通过这种羞辱的方式来激励他的病人去照顾好自己。

不幸的是，当别人给我们贴标签时，大多数人不会愿意为此做出改变。

在我的青少年时代，父亲在我的卧室门上挂了一个牌子，上面写着"垃圾堆"三个字。他的需要可能是希望家里干净有序。他可能感到很沮丧,因为我的房间是如此脏乱,很可能对健康有害。你觉得在他这样做之后,我会变得愿意打扫房间吗?恰恰相反,父亲的做法只会让我心安理得、理直气壮。

贴标签会导致自我实现预言[1],让人们的表现越来越向标签靠拢。

当别人给我们贴标签时,我们会从自己的角度来理解标签的意思。于是,我们的"内在批评(自我批评)家"就可以忙上一整天了。除非我们有能力倾听到对方表述背后的感受和需要,否则我们不太可能用同理心对待自己或给我们贴标签的人。你会如何将你的需要以请求的方式来表达,而不是以命令的方式呢?当你的亲人做出了不符合你期望的决定时,与其对他

---

[1] 也叫作期望效应,是指当他人或者自己会对个体形成某种期望时,个体的表现有越来越符合期望的趋势。换句话说就是:"说你行你就行,不行也行;说你不行你就不行,行也不行。"
——译者注

们苛责，不如先好好审视下自己吧。你会在任何时候都支持你的亲人按照他们自己的需要去选择食物吗？你愿意去接受这些选择所带来的任何后果吗？

> 我应该如何支持亲人去改变他们的饮食习惯呢？

首先，要确定你的亲人想要什么样的支持。你可以问："我知道你想做出一些改变，我想给你支持。你能告诉我在这个过程中需要我做些什么吗？"

对方可能会回答："当我做出你不赞成的选择时，我希望你能闭嘴。"或者"当我做出你喜欢的选择时，你对我表示肯定。你是否愿意说，'哇，你的衣服看起来与众不同，但是很适合你哦'？"

下面呈现的是一对情侣间的对话，他们两人之前都参加过非暴力沟通的培训。

男方：当我说我今天看起来真胖时，你只要表示听到了就好了，不要表示同意、不同意或添加评论，比如不要说要达到你要的改变任重而道远，一想到这点你是不是感到沮丧或不安？你愿意像我说的这样做吗？

女方：恐怕我做不到。当我听你谈论你自己时，我很难无动于衷。我希望在体重问题上有更多的同理心。我这样袒露心扉，你是什么感觉？

男方：你的关心让我感动。我想要更加接纳自我。你的话提醒了我，我不该对自己这么严苛，要更温柔一些。现在我感觉轻松多了。

女方：如果我的伴侣不太支持我呢？我的体重增加了50磅，我想减肥，但我的丈夫总是做些大餐并对我说多吃点,多吃点。我想他喜欢丰满的女人。这让我很迷茫。

你只是在推测他希望你保持现状。为了了解他的真实想法,你可以这样问:

女方:你做的这些饭菜实在是让我高兴也让我忧虑,我很喜欢。我想吃,但我也想做出改变,自己去选择食物。听到我这样说你有什么想法呢?或者我很沮丧,因为我真的很希望得到你的支持。是什么事情让你一直不希望我减肥呢?"

男方:我很害怕,因为我喜欢现在的你。如果你减肥,虽然在某种程度我会很开心,但同时我也害怕其他男性会被你吸引。

女方:你是不是很希望我不管体重如何,都依然愿意和你长相厮守?

男方：是的，我希望我们的日子能越来越好。

女方：我会尊重你的担忧并保证我会一直爱你，但我也想尊重自身对健康的渴望。听到我这么说你怎么想呢？

男方：我很开心你想好好照顾自己，这可是关系我们一辈子的事。

一旦你理解了另一个人的需要，你就可以采取一些措施。

女方：你可否不要把冰淇淋、饼干和苏打汽水买回家呢？

不要责怪你的配偶没能做些什么，而是告诉他你真正想要的支持。

注：努力去改善你的健康状况，并为此营造一个

和平又充满支持的环境吧。与其磨炼你的意志力,不如承认自己就是个吃货,食量经常超过了维持身体健康的所需。然后在此基础上把不合适的食物都拒之门外。例如,如果你想吃巧克力,害怕自己一直停不下来,那就干脆去精品巧克力店买上一块。拿着巧克力坐在长椅上,慢慢品尝,享受乳脂或坚果脆的滋味。让巧克力融化在你的舌尖上,沉浸于此刻的美妙体验之中。

> 当看到她又吃下了第三块巧克力蛋糕时,我能做些什么?

当你看到她做出你不喜欢的选择时,首先要做的是调整好自己的心态。如果她叫你不要插手此事,这就表示她知道自己在干吗。如果这件事实在让你心烦意乱,你可以向朋友倾诉或者直接与她沟通。"你说你想做出些改变，可现在又出尔反尔。我很想遵守我们的协议（不干涉你的决定），但现在这事让我很困惑，希望得到解释。你改变了当初的想法吗？你决定不再约束自己，想吃什么就吃什么吗？"或者"我知道我同意了不对你的决定妄加评论，但如今恐怕很难遵守了。我看到了你的表现，我很担心你。在你接着吃蛋糕之前，你愿意告诉我发生了什么事吗？"

尝试用你感觉合适的词语来沟通。同理心（非暴力）沟通的核心是连接——连接你自己，连接你沟通的对象。抛弃"应该""必须"这些词汇，注意去感受你说话和倾听时的感觉。你不是个食物警察，总是让对方想逃避和反抗；你是个盟友，你们可以携手踏上转变之旅。非暴力沟通能够有效帮助你了解自己，弄清楚你的内心世界到底发生了什么。它还可以教会你如何设身处地去倾听他人。非暴力沟通能改变你和你自己及与他人的关系，在这个过程中你会发现你的饮食行为也在改变。

什么才是真正的健康饮食

EAT BY CHOICE NOT BY HABIT

"进步总是伴随着风险,你总不可能脚还踩在一垒上就想跑到二垒吧。"

——弗雷德里克·威尔考克斯(Frederick Wilcox)

为什么一本关于非暴力沟通的书中会出现"小讲台"这个词呢？正如英国哲学家、律师弗朗西斯·培根说的："知识就是力量。"我希望你能拥有力量来选择适合自己的食物。通过提供这些关于食物、营养和幸福的额外知识，引导你做出最符合自己需要的食物选择。所以我在这里，站在我的"小讲台"上，一手拿素食玉米饼，动情讲述着自己内心那些真实的激情与失意。同时带来的，还有我的诚实、坦诚和对我们健康的真正关心。

让反式脂肪[1]见鬼去吧！

虽然营养学是现在的热点话题，但是混乱的、冲突的数据和错误的信息常常使人们很难了解事实真相。在烦恼和愤怒中，许多人开始质疑。在健康被一

---

1 是一类对健康不利的不饱和脂肪，常见于饼干、薯片、油炸食品等食物中。——译者注

次又一次重新诠释之后,你今天应该相信什么?你能信任谁?

美国食品药品监督管理局吗?

你相信食品药品监督管理局会只批准对你有益的食品、药品,从而保护你的健康?奥普拉杂志2005年4月刊指出,不少食品药品监督管理局的成员曾经在他们调查的制药公司中担任过有偿顾问。

在我20多年的食物研究生涯中,我也一直在质疑,当食品制造商和食品药品监督管理局受资助进行相关研究时,他们究竟是在维护谁的利益。我们的健康是他们关心的主要问题吗?或者这至少是他们关心的问题之一吗?

在最近一次由亚利桑那大学综合医学项目赞助的题为"营养与健康:食品、政治和社会"的公开论坛上,我从哈佛大学公共卫生学院的一位著名科学家那里得知，目前负责美国农业部（USDA）的某位官员，他的学历及论文都是动物健康领域的，而不是人类健康。

随着我的不断了解，我越来越害怕让这些所谓的保护机构来监管我们的食品。

【注：从接下来有关反式脂肪的内容开始，一直到结束，粗字体的材料都来自《更好的营养》杂志上金伯利·罗德·斯图尔特撰写的文章。他是一位食品记者，也是《吃在界线之间：食品标签背后的真相——给超市购物者的指南》一书的作者。】

氢化脂肪、反式脂肪和部分氢化脂肪，这些名词所指相同，是你的身体不会识别和难以处理的脂肪分子。你的身体试图以对待液体脂肪的方式对待它们。当这难以奏效时，身体便堆积脂肪。脂肪积累的最终结果是导致一系列健康问题，包括 2 型糖尿病、关节炎和心血管疾病。反式脂肪还会降低高密度脂蛋白胆

固醇（好胆固醇）[1]的水平。

1994年，哈佛公共卫生学院估计，每年至少有3万人因食用氢化脂肪而死于冠心病。每增加2%的反式脂肪热量，女性得冠心病的风险就会上升93%。

与此同时，根据美国食品药品监督管理局的数据，在几乎一半的谷类食品、70%的蛋糕预调粉、70%的薯条和薄脆饼干、80%的冷冻烘焙早点和90%的甜点中都含有反式脂肪、氢化脂肪或部分氢化脂肪。

马萨诸塞州米尔顿市的心脏病学家、内科医学与预防医学专家理查德·德莱尼博士说，可能没有比反式脂肪更重要的食物问题了。对你的健康而言，反式脂肪比黄油、动植物油或任何其他种类的脂肪都更有害。

---

[1] 这类胆固醇能够把血管中多余"垃圾"运到人的肝脏里代谢掉，又称为"血管里的清道夫"。——译者注

到底什么是反式脂肪?

反式脂肪,指的是20世纪80年代以来被认为比饱和脂肪更健康的替代脂肪。**用氢气和镍或者铂冲击不饱和液态植物油,如大豆油、菜籽油、棉籽油和玉米油,便会产生部分氢化脂肪(反式脂肪)**。在反式脂肪中,氢原子以混乱的顺序嵌入(相反,自然脂肪中氢原子是以固定的顺序嵌入的)。

当不完全氢化过程停止时,不饱和脂肪酸处于氢化的不同阶段。有些分子几乎完全氢化了,有些则没有。在这些分子中,双键[1]经常会转移到非自然的位置。所以,部分氢化可以制造出超乎想象的各种结构的化合物。对于这种部分氢化的油脂带来的影响,科学家们很努力地进行了研究。

最终的结果指出,在这些改变结构的物质中,有

---

1 强调心脏功能对人体健康的影响。——译者注

许多都是对身体有害的。

理学硕士、天然烘焙面包房的老板和最佳健康营养协会（NOHA）的创始人保罗·斯蒂特在向最佳健康营养协会提交的一篇演讲中，将反式脂肪与美国肥胖症联系了起来："与地球上其他国家的人相比，美国人吃了太多的反式脂肪、太多的糖和太多的人造甜味剂，每天也有着太多感到极度饥饿的时刻。有些美国人恨不得一天要吃上11顿。与此同时，美国人摄入的纤维、欧米伽3脂肪酸（人体必需）以及每天的体力劳动量比其他任何国家的人都要少。目前我最担心的问题之一就是反式脂肪的使用。"

巴里·西尔斯（Barry Sears）博士这样描述："如今，有史以来第一次，我们地球上超重的人比营养不良的人还多。"

美国食品药品监督管理局对此采取了什么措施呢？在2006年，他们要求食品制造商对含有反式脂肪的食品进行标注。现在有些厂家的确在这么做。但这个规定存在一个漏洞,食品制造商可以造假。就算含有反式脂肪,食品制造商仍然可以说自己的食品是无反式脂肪的。

在最近的一次购物中我注意到了这一点。一种特殊的人造黄油在它的标签上声称没有反式脂肪。但当我仔细观察成分目录时,我发现部分氢化脂肪的名字赫然在列。对此,我要求这家公司的副总裁给出解释。

愤怒让我无法保持冷静,我直言不讳地说:"你晚上怎么还睡得着觉?反式脂肪明明对人体有害,可你们却欺骗消费者说不含反式脂肪。请你现在就解释下这个事情。"

她告诉我,如果每份产品中反式脂肪的含量少于0.5克,那么美国食品药品监督管理局就认可你的产品是无反式脂肪的。尽管医学研究强调任何分量的反式脂肪对健康都是有害的，美国食品药品监督管理局却认为0.5克的危害可以忽略不计。

也就是说，如果你吃的分量超过一份（大多数美国人都这样），或者同时吃一些无反式脂肪的产品，你将摄入超过0.5克标准的反式脂肪。

我想知道，像这样设计标签的食品制造商们到底想干什么？他们在宣传什么？显然，他们希望顾客能喜欢他们的产品。同时考虑到大多数人都生活繁忙，所以他们想制造出能长期储存的产品来方便大家。氢化过程满足了这两种需要。它增加了食物的保质期和口味稳定性，同时使食品更加薄脆。

在不损害公众健康的情况下，这些需要难道就不能满足吗？我们能否找到一个双赢的解决方案呢？科学证据表明，食用饱和脂肪、反式脂肪和膳食胆固醇会导致低密度脂蛋白胆固醇（坏胆固醇）[1]水平升高，

---

1 这类胆固醇将血液中的"垃圾"沉积于血管壁上，形成粥样硬化，堵塞血管，易产生心绞痛、心肌梗死的疾病。——译者注

从而增加患冠心病的风险。

根据美国国立卫生研究院心脏、肺和血液研究所的统计,超过1250万的美国人患有冠心病,每年有50多万人因此死亡。正如你们许多人所知,冠心病是导致美国人死亡的主要原因之一。

> 这些食品制造商是否关心我的身体和健康需要?如果不,就让我来关心我自己吧。

如果你决定去掉体内的反式脂肪,变化和好处会在短时间内就显现出来。你的生活方式和身体健康,你自己说了算。

德莱尼博士发现,当病人用来自亚麻、鱼、油和坚果中的健康脂肪代替反式脂肪时,血液中甘油三酯水平提升,胰岛素抵抗消失,心脏病发作和中风的风险降低。他还建议女性不要食用反式脂肪，以降低患乳腺癌的风险。

具体怎么做呢？让我们一步一个脚印。

先用有机特级初榨橄榄油或草饲黄油来代替人造黄油。不要吃反式脂肪，通过吃核桃、亚麻籽和鱼来满足身体对欧米伽3脂肪酸的需要。德莱尼博士并不是告诉大家不要吃任何种类的脂肪，而是要在欧米伽3和欧米伽6[1]脂肪酸之间找到适当的平衡。在加工食品中，两者的比例是1比20。

这听起来可能令人惊讶，我们的饮食中确实需要脂肪，尤其是需要富含欧米伽3脂肪酸的脂肪。新的研究表明，棕榈油和椰子油虽然是饱和油，但相比氢化油来说要对你的健康更好。除了母乳，椰子油是月桂酸唯一的食物来源，而月桂酸具有抗病毒抗真菌的

---

1 欧米伽6同欧米伽3一样，都是人体必需的脂肪酸。平衡摄取两者有助于促进身体健康。——译者注

特性。

脂肪是身体的主要能量来源，并帮助吸收维生素A、D、E、K以及类胡萝卜素。源自动植物的食品中都含有脂肪。适度食用脂肪，有助于个体的生长、发育和保持健康。

作为一种食物成分，脂肪提供了特别的味道，并给你安全感和饱腹感。此外，父母们应该了解，脂肪对于婴幼儿（2岁以下）而言是特别重要的热量和营养来源。与其他年龄段相比，这个年龄段的儿童平均每斤体重需要的能量是最高的。

你注意到了吗？作为一种饮食文化，我们吃的食物脂肪含量越来越低，但我们的腰围却越来越粗，健康问题也急剧增加。这显然与我们吃的脂肪数量无关，而是与脂肪种类有关。你们还记得20世纪60年代到80年代吗？植物油被吹捧为健康油。结果呢？这是个骗局！随着植物油的普及，心脏病患病率激增。

（别直接相信我的话，登录网站 www.westonaprice.org 看看最新的研究核实一下。）

我推荐以下种类的油脂：草饲黄油（比如金凯利这个牌子）、酥油、芝麻油、椰子油、橄榄油、亚麻籽油、鱼油、猪油、鸡油、鹅油和鸭油。

你的身体你做主。仔细地阅读食品标签吧，不要再让食品生产商因一己私利而损害你的健康。要知道，你的身体独一无二，无比珍贵，请好好照顾好它！

以吃忘忧

当我在明尼阿波利斯医院的一个治疗饮食紊乱的项目中做营养师时，工作人员注意到了一些奇怪的事情。我们通过自己的非正式研究发现，很大一部分饮食紊乱的患者在童年时经历过兄弟姐妹的死亡。

"生活本来不就是这样的吗?我们没时间悲伤。"

——塞拉-图森治疗中心某位工作人员

饮食紊乱是因为逃避忧伤而导致的吗?

在亚利桑那大学进行赛季前篮球训练的第二天,一名新队员因为中暑死亡。他才18岁。

为了追悼这位年轻队员,篮球队第二天的训练被取消。第三天,在这个少年去世后不到24小时,电台播音员说:"这个队已经恢复正常。"

在犹太教中,当有人去世时,考虑到大家繁忙的日程安排,传统的7日丧期(和哀悼者一起在家里服丧7天)经常被缩短为3到4天。庆典通常伴随着宴席,而且大家会大张旗鼓地庆祝。与此相反,有些葬礼,因为害怕体验不愉快的感受,过程会私密地进行,有时候还打着避免他人过于悲痛的幌子来缩短时间。

暴饮暴食是因为我们想逃避哀悼和悲伤,不愿承认自己的痛苦吗?或者正如加百列·库森所说:"你永远喂不饱饥饿的灵魂。"

我们的文化让我们害怕去体会自己的感受吗?我们是为了保护自己,害怕一旦打开眼泪的闸门就永远不会停止吗?我们是不是想通过一顿狼吞虎咽,喝到忘乎所以,以此来逃避和麻醉痛苦?

在一些文化中,悲伤是通过痛哭释放出来的,他们认为这样可以将悲伤的能量发泄到宇宙中。反观我们,往往在悲伤中静默无言。我们是否害怕与他人分享自己最脆弱和人性的一面?这样做,很可能让我们放弃了自己在深切悲痛中最想要的慰藉:人与人的彼此互联。

糖、糖、糖无处不在

我父亲的 80 岁大寿庆生会在逾越节[1]期间举行。直系亲属们从全国各地赶来参加。准备各式各样的美味菜肴是种负担，尽管我们都希望母亲不要太操劳，生日庆典结束后她还是在家里又举办了一次逾越节家宴。为了帮她做好准备，我开始在当地健康食品店里寻找食材。

一家店老板很热情地帮助了我。我需要为患有糖尿病的父亲准备无糖的配菜，给姐姐准备一份素食（没有动物制品，包括奶制品和鸡蛋）。在一阵精挑细选之后，这位熟食店经理最终提出了两个适合的方案。

她很轻松地就满足了我姐姐对素食的要求。但为

---

1 犹太民族最古老的节日，是为纪念历史上犹太人在摩西的领导下成功地逃离埃及，为感谢上帝的拯救而设立的节日。——译者注

我父亲找到一份不含糖分的美味佳肴就没有那么轻松了。要知道,这可是一家健康食品店啊。

我既惊讶又恐惧。你可以在所谓"健康的"蛋黄酱中找到以糙米糖浆命名的糖(只要你仔细看),也可以在番茄酱、"健康的"奶酪片或者豆奶中找到标注着各式各样别名的糖。

难道连这些健康食品店也随波逐流,任何食物都要添加糖来作为填充物或增味剂吗?又或者是用糖代替健康的香料与佐料?还是正如一位食品生产主管所说的,"公众想要什么,我们就提供什么"?我们害怕尝到食物的真正味道吗?食物难道就如此地缺乏滋味,以至于我们需要把每颗抱子甘蓝和青豆都"打扮起来"?

我不这么认为。

做个实验吧,当你下次去餐厅吃饭时,看看他们的配料清单。看看是否有哪个开胃菜或者点心是不含糖的。再给你一个提示——除开糖分，你从水果中获得的任何营养都可以在蔬菜中找到。

> 儿童饮食习惯与父母责任
>
> 父母的责任在何时结束，孩子的选择权从何时开始？

孩子们直到16岁才被允许开车。政府认为在这个法定年龄之前，孩子们开车会对自己和他人造成较大危险。从非暴力沟通或者同理心沟通的角度来看，我们可以认为这是保护孩子们免受伤害的一种方式。

根据居住州的不同，直到18岁或者21岁，孩子们才可以在酒吧里喝酒。这也是保护他们和其他人免受伤害的一种方式。

父母通过为孩子们提供食物来保护他们,对此他们应该有何种责任呢?你的时间更多地花在了研究购买什么类型的电脑或玩具,而不是去研究你提供给孩子的食物中有哪些营养吗?

> 想想看……

- 你允许你的孩子毫无节制地喝果汁或苏打水吗?

- 你限制了他们冰淇淋、糖棒和饼干的摄入量吗?

- 你是否为你的孩子提供了各种各样的水果和蔬菜,从而满足了他们身体健康成长所需的营养?

- 你是否提供了蛋白食品和高镁食品来为孩子们提供能量并增强力量?

- 为了确保食品对健康有益,在超市购物时你是否仔细阅读了食品标签？

- 提供美味可口食品的同时还要考虑其健康性，这是否被看成是一种保护而不是惩罚？

我很忧虑，让孩子摄入含人造色素的食物、氢化食物、高糖食物就是在毒害他们。我见过一些小孩，7岁的时候就有三个牙冠[1]。当他们想要吃甜食时，有人对他们说"不"并保护他们免受伤害吗？最近，医生们发现5岁的小孩就开始得了2型糖尿病，12岁的小孩开始有心脏病。

你希望你的孩子比你更健康长寿吗？除非父母或者监护人彻底改变他们喂养孩子的方式，并支持他们锻炼身体，否则这种情况就不会发生。

如果我有一个阿拉丁神灯，可以让我为你和你家

---

[1] 牙冠是是用于修复牙齿的一种方法，当牙齿损坏后且难于通过补牙的方式修复时，可用不同的材料制成人造牙冠，套在改小了的天然牙冠上。——译者注

人的营养健康许上三个愿望的话,我会选择这三个:

如果你的孩子喜欢喝汽水,请只能让他偶尔尝尝——最多一个月一次(喝含糖汽水而不是无糖汽水,最好是加蔗糖,或者是更棒的甜菊或木糖醇)。

用不含反式脂肪的食物代替含氢化脂肪(反式脂肪)的食物,比如橄榄油、黄油、椰子油、芝麻油和猪油。

为你的孩子们提供用甜菊、木糖醇、蛋黄果或棕榈糖做成的甜食。它们对血糖影响较小,并且烘焙效果与普通的糖类似。或者你也可以用腰果、可可豆和甜菊制作成简单的甜点。

在这次健康危机面前,你愿意从你自身家庭开始去做些什么吗?作为父母,你责无旁贷。你有能力为孩子们做出正确的食物选择,这些选择将带给他们健康和幸福——如影随形,相伴一生。

> 学校的午餐供应与学校的责任
>
> 在健康饮食方面,学校肩负着怎样的责任?

有多少所学校会提供售卖糖果、汽水和薯片的售货店,以及各类品牌快餐?如此轻易就可以买到这些没什么营养的食物,这对孩子们的学习能力和身体有什么影响吗?

当艾伦弗里德·菲佛博士向哲学家、"华德福学校运动"[1]创始人鲁多夫·斯坦纳问起,为什么如今的人们似乎并不能依据他们的所学所知来成长和行动,斯坦纳回答说:"这个问题是跟营养有关的。"

在全世界范围内,"华德福学校运动"有意识地努力让学校的小吃和饭菜尽可能地保持天然。大多数

---

[1] "华德福学校运动":一种教学理念,不仅注重学业成绩,更关注学生心智发展和实践动手能力,培养学生的思维能力和想象力。如今全世界有许多学校都秉持该理念进行办学。

——译者注

校园内都有花园。他们鼓励学生去学习如何种植蔬菜和磨碎谷物。沙拉、水果、坚果和简汤是华德福学校师生的主食。

这些理念跟那些课外活动由可乐公司赞助的学校非常不一样。一听可乐可是含13茶匙糖的啊，相比于喝下一听可乐含13茶匙糖所产生的危害，那些学校是不是更担心没人赞助？

让我们来关注下各自的需要。我觉得每一方的需要都是可以得到满足的。一定有方法，既可以为学校的活动拉到赞助，又可以不危害孩子们的健康。

那这些赞助公司的需要是什么呢？是想获得曝光率吗？或者为教育事业做些贡献？他们必须以牺牲孩子们的健康为代价来满足这些需要吗？难道没有其他方法来获得曝光率吗？难道没有其他方法来为他们认为值得的事业做出贡献吗？凭借他们巨大的创造力和营销知识，难道就不能创造出一种有益健康的产品，而不是像现在这样损害健康吗?

我希望学校在餐饮供应方面能为了学生的健康与学业而进行必要的调整。

帮助我们的孩子们找回他们的健康和幸福,找回他们的未来!

"非暴力沟通"
进食练习:有意
识地体验你的进
食感受

EAT BY CHOICE NOT BY HABIT

"生活中最美好的事情之一就是，我们经常可以停止手上的活，把注意力放在吃上。"

——卢西亚诺·帕瓦罗蒂

《帕瓦罗蒂，我自己的故事》

当你准备了一盘食物后,坐下来,用前五分钟来练习有意识的进食。这个练习的目的是让你关注你喜欢的食物,思考喜欢它们的原因。你还要花时间去咀嚼食物,体验这种感觉。放松下来,把一切交给你的内心吧!

往嘴里送上一叉子或一勺子食物。闭上双眼,品味食物的味道、质地、温度和口感。你喜欢这种口味吗?食物质地让你满意吗?

慢慢咀嚼,用心品尝你嘴里的食物。当你完全体验了其中滋味后,睁开你的眼睛,去尝试另外一种食物。把它放进嘴里,闭上眼睛,再次用心感受。重复这个练习五分钟,或者直到你满意为止。你可能会发现,原来喜欢的食物不再那么吸引你了,你开始觊觎其他食物。这,正是有意识的进食。

别急,让我们不慌不忙,用心去体验,用心去享受,用心去品尝!

用非暴力沟通练习让身体和食物连接

首先,想一想有没有哪个特定的人,他说的话或者做的事依然在你心中挥之不去?对此你有什么具体感受?这些感受发生在什么地方?当这些感受萦绕在你脑中时,你很有可能处于道德评判的模式,失去了与内心潜在(真正)感受的联系。

然后扪心自问,这件事情的背后你真正的需要是什么。人类有着共通的需要,让我们彼此相连。

发现你内心真正的需要后,请提出积极的、可行的请求。

请求意味着此时此刻你希望从他人或者自己身上找回一些东西。

一个好的请求可以这样开头:"你愿不愿意告诉我……"

或者"你的感觉如何……"

不要去劝阻别人停止做某事。让别人"别再做"是很困难的,你可以换一种可行的方式,告诉他你对他的期待。你也不希望你的请求是含糊不清的,这样的话你就不知道请求是否被采纳。

有人可能会这样说:"我希望你能理解我。"

你都没有提出一个具体的请求,怎么可能知道对方有没有采纳呢?

你可以这样问:"能不能告诉我你听到了什么,这样我就能知道我的表达是否清晰和有效?"

提出请求之后,紧接着就是带着同理心的倾听。

跟理解自己一样,聆听他人也要遵循 NVC 的四个阶段:观察、感受、需要、请求。

措辞可以这样:"当你说今晚你不想出去吃饭时,

是不是因为你感到筋疲力尽、情绪低落？你需要好好休息吗？要不要我来准备我们的晚饭？"

当你用同理心倾听对方的话语后，这段回答并不意味着一定要你去准备晚饭。这个过程中，你是在试图去理解和包容你的另一半，并不是在安排自己的日程计划。

如果你不想做饭，而你的另一半希望如此呢？你可以坦诚地表达你的想法："当我听到你要我去做晚饭时，我也感到疲惫和倦怠。让我们换一个都能接受的方案吧。要不点个外卖？"

何谓正常进食

正常进食本质上具有积极性和灵活性，你可以根据自身的感受来调节它。

正常进食指的是你可以在饿的时候开吃，吃到你满意为止。指的是你可以吃你所爱，吃到尽兴——而不是在你认为应该停止时就停下了。指的是你在选择食物时会有所约束，选择那些健康营养的食物，但又不会约束得过度，否则就会错过舌尖上的美好滋味。

正常进食指的是有些时候不是因为饿，而是因为开心、悲伤、无聊，或者觉得进食能让你感觉良好，你就会想去吃点什么。指的是每天柴米油盐酱醋茶看似单调，但也能和家人一起吃得津津有味。指的是好味道可以趁新鲜可口吃个尽兴，或者留一点待明日慢慢品尝。指的是你会偶尔放纵一下，暴饮暴食：这种感觉很爽但也有点不舒服；偶尔又没什么食欲，食不下咽，希望自己能胃口大开。

正常进食指的是相信你的身体，它总能在不良进食之后弥补你的错误。正常进食会占据你的时间和精力，但它只是你生命中重要的部分之一。总之，正常进食是灵活多变的，它会随着你的情绪、你的计划、你的饥饿和你手头有的食物而不断调整变化。

婴儿的进食就是正常饮食，他们不受外界的干扰。他们能摄取食物并灵活调节这个过程，排除许多外部干扰进食的因素。

小提示

- 没有同理心，改变是不可能的。
- 向内看问题：你感觉如何？你需要什么？
- 进食往往不是因为身体饥饿，而是为了满足其他需要；考虑一下你是否还有其他手段满足需要。
- 吃下第一口或者吃完一整顿时，关注一下你的感受。你感到满意了吗？
- 你喜欢这种食物吗？它满足了你的生理需要和审美需要吗？
- 在做每件事时，练习作出自己的选择。

根据自己的需要去做选择吧

信息是"有生命的"。它不断扩展，以适应我们不断进化的好奇心。它不断延伸，超脱于我们从书本中所学的知识。尤其是营养方面的信息，总是随着每次研究的新发现而不断变化，我已经竭尽所能地把我现在所知道的事告诉了你们。明天，我也许又会了解得更多。我十分认同这句话，"你知道多少，就会做多少；当你知道得更多，你就能做得更好。"

这句话也同样适用于你。虽然我们接近这本书的末尾了，但这正是你旅程的开始。选择饮食不仅是一种过程，也是一次庆典、一场运动：你开始用鲜活的双眼、全新的感官以及对身体深切的、不断增长的爱来见证你的饮食习惯。

在非暴力沟通中，当别人的言语或行为可能激怒你时，在作出反应、回应和交流之前，你意识到你是有选择的。吃东西也一样。你认识到，在任何时候你都可以根据自己的需要去做出选择，停止、暂停或者是决定下一步要采取的步骤或行动。你倾听鲜活的内心，与真实自我共舞，而不是放任自流，恍若行尸走肉。

现在你知道了,习惯只是我们无意识行为(或者一点点意识)的一次又一次重复。随着你意识的觉醒,愿你做出能满足你需要的选择。愿你选择与食物做朋友,让营养滋养你的身体。愿你选择与食物建立起最满意的关系。最重要的是,愿你学会探索食物和饮食,带着接纳、好奇心和同理心。

相信自己,我们所做的一切都是可以有选择的。

关于食物,
我可以给你
这样的建议

EAT BY CHOICE NOT BY HABIT

美味小贴士*

看看你每天吃的水果和蔬菜的颜色,就知道你从中获得的营养均不均衡。为了让身体更健康,每天挑一种颜色来吃吧。

蓝色/紫色:蓝莓、李子、西梅、葡萄干、茄子、红球甘蓝

能改善尿路健康并含有抗衰老的抗氧化剂。

绿色:鳄梨、绿葡萄、蜜露瓜、梨、酸橙、芦笋、西兰花、大葱、菠菜、西葫芦、雪豆、猕猴桃

有助于预防一些出生缺陷,保持骨骼强壮、牙齿坚固,并为你提供能量。

白色:香蕉、花菜、大蒜、生姜、蘑菇、洋葱、土豆、白玉米

---

* 以下内容改编自玛丽·贝丝·福勒的《绽放维生素之虹》,亚利桑那共和报,2005年2月22日,以及健康基金会(the Produce for Better Health Foundation)公布的资料

将胆固醇维持到最佳健康水平,降低患某些癌症的风险。

黄色/橘色: 桃子、菠萝、南瓜、胡萝卜、黄椒、黄土豆、南瓜、甘薯、杏、哈密瓜、葡萄柚、柠檬、芒果、橙子、木瓜

改善视力,增强免疫力。

红色: 红苹果、樱桃、蔓越莓、红葡萄、粉红或红葡萄柚、红梨、覆盆子、草莓、红西瓜、甜菜、红辣椒、小红萝卜、红洋葱、红土豆、西红柿、石榴、大黄

保持心脏健康,增强记忆功能。

有意思的饮食秘方

如果你便秘了,除了多喝水、多吃纤维食物和运动外,可以试着每天加一到两汤匙的亚麻籽油或鱼肝油到你的饮食中。

购买有机特级初榨橄榄油后请用暗色的容器储存并远离热源，这样才能保持其最佳营养价值。

氢化脂肪容易储存在腹部，靠近心脏的地方。所以尽量选择健康的油脂，如橄榄油、草饲黄油、芝麻油或椰子油。

使用生姜时，在砧板上将未剥皮的姜压碎，切成小薄片。食物上桌前，把薄片里的姜汁挤压到其中。这样你的食物里就有了姜味，却不必再有姜片。

摆脱高糖分食物的妙招

大多数人认为糖是有益健康的食物，但问题是我们经常阻止不了自己对巧克力、软糖和布朗尼蛋糕的渴望，从而吃得太多。接下来提供的这些方法通过改变你血液和大脑中的化学成分，可以有效地减少你对糖分的渴望。具体方式包括稳定血糖水平，刺激血清素分泌以及刺激其他大脑化学物质分泌（这些化学物质可以让你在没有饼干时也能心满意足）等。在提到的这些饮食原则中，有不少本就是中国人生活方式的一部分。

1. 吃一份含有丰富蛋白质的无糖早餐。为你的身体选择一份全谷物食物加上合适的蛋白质食物：鸡蛋、熏鱼（如熏鲑鱼）、家禽类瘦肉肠、大豆制品、豆类、坚果或种子。

2. 午餐应该包括足量的、高质量的蛋白质。所以为了你的身体健康，让我们再次选择那些蛋白质食物：鸡蛋、鱼、家禽、瘦牛肉或瘦猪肉、坚果、种子或豆科蔬菜。

3. 生水果、生蔬菜和果汁都不要食用过量。（水果与果汁，尤其是果汁，含糖量很高，这会使你的血糖降低，导致你渴望吃掉更多的糖。）在东方营养观中，生水果和生蔬菜偏凉性，从而激发你对温性食物的渴望，比如说糖。

4. 每天吃点绿叶蔬菜，尤其是当你沉迷于巧克力时。

5. 每天喝点绿茶。它有助于保持血糖水平稳定，从而削弱对糖的渴望。

6. 避免食用人工甜味剂。你的身体会把它们当成真正的糖一样。

7. 咬紧牙关，对精制糖说不（蔗糖、果糖、果汁、蜂蜜和糖浆）。

8. 获得足够的全光谱照明[1]。大脑要产生血清素，自然光是必不可少的。血清素可以让大脑保持镇静，不再那么渴望糖。你可以选择清晨到户外散步20分钟，坐在明亮的窗户旁边，或者在工作场所使用全光谱灯光。

---

1 全光谱指的是光谱中包含紫外光、可见光、红外光的光谱曲线，显色指数接近于1。太阳光的光谱可以称作全光谱。

——译者注

9. 选择那些含有人体必需脂肪的食物，例如亚麻籽油、南瓜籽油或大麻籽油，又或者是含有欧米伽3脂肪酸DHA和EPA[1]的鱼油。

可以补充一些镁（350至500毫克）和铬（200至500微克），这些元素可以帮助稳定血糖水平。你也可以食用一些匙羹藤、茴香叶或甘草根（甘草根口味甘甜，能刺激肾上腺素的产生，适用于肾上腺素低的人。大量食用可以提高血压，但仍需谨慎）。

---

[1] DHA、EPA是人体常用的两种欧米伽3脂肪酸。——译者注

健康饮食的
资源清单

EAT BY CHOICE NOT BY HABIT

"每个人在洗澡的时候都会有某种奇思妙想。但只有在关掉淋浴,弄干自己之后,还能采取行动的人,才能真正改变世界。"

——诺兰·布什内尔

当你处于有意识的状态时，你可以觉察到你的情感需要。在这个意识状态中，你可能会问自己，为了满足身体营养，维持最优的身体机能，你需要多少卡路里和什么样的食物组合。为了维持、减少或增加体重，抑或是其他任何你想做的事，你实际上需要的是什么呢？

大量的书籍、网站与协会可以为你的健康之旅保驾护航。从中找到适合你的资源，并用身体来实践验证它。你的身体不会撒谎。感觉胸口闷堵吗？还是肠胃不舒服？血脉通畅吗？感觉放松吗？你的呼吸怎么样？记住，你是你自己最好的权威。

构建你最爱的食谱

当我决定改变自己的饮食选择时，我发现方便的菜谱可以让我事半功倍。为了获得一些有趣而美味的食物，滋养你的身体并满足你对生活中新事物的渴望，你可以访问网站 nvcarizona.org，在那里你可以找到以下食谱（还有更多其他食谱）：

- 粗加工燕麦和更多做法（Steel Cut Oats and More）
- 墨西哥卷饼（Vegetable Burro/Burrito）
- 花生黄油曲奇（Peanut butter cookies）
- 简易鹰嘴豆酱（Quick/Easy Hummus）
- 地中海混合沙拉（Mediterranean Medley Salad）
- 以色列/阿拉伯蔬菜沙拉（Israeli/Arab Vegetable Salad）
- 烤黄金马铃薯（Yam/Yukon Gold Potato Bake）
- 角豆女神蛋糕（Carob goddess cake）
- 柠檬/罂粟籽曲奇（Lemon/Poppy Seed Cookies）
- 角豆/核桃糖棒（Carob/Walnut Clusters）

特别有用的书籍和资源

《活在平衡中，开创性的东西方营养计划》，琳达·普劳特，马洛公司，2000年

(*Live in the Balance, The Ground-Breaking East-*

West Nutrition Program by Linda Prout, Marlowe & Company, 2000）

《拥抱健康：从非传统和传统医学中做出最佳选择》，罗安妮·韦斯曼、布莱恩·伯曼，健康通讯，2003年

（*Own Your Health: Choosing the Best from Alternative & Conventional Medicine* by Roanne Weisman, with Brian Berman, MD, Health Communications, 2003）

《PH奇迹：平衡饮食，恢复健康》，罗伯特·O.扬、雪莱·雷德福德·扬，华纳图书，2002年

（*The pH Miracle: Balance Your Diet, Reclaim Your Health* by Robert O. Young, PhD, and Shelley Redford Young, Warner Books, 2002）

《餐厅进餐健康指南》，霍普·沃肖，美国糖尿病协会，2002年（第二版）

（*Guide to Healthy Restaurant Eating* by Hope

Warshaw, MMSc., RD, CDE, American Diabetes Association, 2002, second edition）

《营养的传统：一本挑战官方营养论和饮食独裁者的食谱》，萨莉·法伦、玛丽·G.恩格，新趋势出版社，1999年（第二版）

（*Nourishing Traditions: The Cookbook That Challenges Politically Correct Nutrition and the Diet Dictocrats* by Sally Fallon, with Mary G. Enig, PhD, New Trends Publishing, 1999, second edition）

《如何让孩子吃得恰好》，埃琳·萨特，布尔出版公司，1987年

（*How to Get Your Kid to Eat—But Not Too Much* by Ellyn Satter, Bull Publishing Co., 1987）

《阻力最小的路径：学会成为你生命中的创造性力量》，罗伯特·弗里茨，巴兰坦图书，1989年

（*The Path of Least Resistance: Learning to Become*

the Creative Force in Your Own Life by Robert Fritz, Ballantine Books, 1989）

《法国女人不会胖：快乐饮食的秘密》，米莱伊·基里亚诺，查托和温特斯，2005 年

（*French Women Don't Get Fat: The Secret of Eating for Pleasure* by Mireille Guiliano, Chatto & Windus, 2005）

《治愈我们的星球与自己：改变自己，改变世界》，道森·丘奇、杰拉林·格伦多，精英图书，2004、2005 年

（*Healing Our Planet, Healing Ourselves: The Power to Change Within to Change the World, edited* by Dawson Church and Geralyn Gendreau, Elite Books, 2004, 2005）

《杂食者的困境，关于四餐的自然史》，迈克尔·波伦，企鹅出版社，2007 年

（*Omnivore's Dilemma, A Natural History of Four Meals* by Michael Pollan, Penguin Press, 2007）

《动物、蔬菜与奇迹，我这一年的食物生活》，芭芭拉·金索尔弗，哈伯科林斯，2007年

(*Animal, Vegetable, Miracle, A Year of Food Life* by Barbara Kingsolver, HarperCollins, 2007)

《无意识进食，为什么我们吃得比想象的多》，布莱恩·万辛克，班特姆图书，2006年

(*Mindless Eating, Why We Eat More Than We Think* by Brian Wansink, PhD, Bantam Books, 2006)

《满月盛宴、食物与对接触的渴望》，杰西卡·普伦蒂斯，切尔西格林出版社，2006年

(*Full Moon Feast, Food and the Hunger for Connection* by Jessica Prentice, Chelsea Green Publishing, 2006)

《写给大家的素食烹饪法》，迪波拉·麦迪逊，百老汇图书，1997年

(*Vegetarian Cooking for Everyone* by Deborah Madison, Broadway Books, 1997)